La Cibertecnología como arma en la Guerra Híbrida

La Cibertecnología como arma en la Guerra Híbrida

Ismael Gavaldà Hidalgo

La Cibertecnología como arma en la Guerra Híbrida

Primera edición: 2024

ISBN: 9788410066274
ISBN eBook: 9788410066779
Depósito legal: SE 559-2024

Impreso en España – Printed in Spain

Índice

Resumen

La cibertecnología como arma en la guerra híbrida ha ganado un creciente interés debido a su relevancia en los conflictos actuales. Se ha convertido en una poderosa herramienta para llevar a cabo acciones encubiertas y desestabilizar Estados o regiones. En este trabajo, se analiza el impacto de la cibertecnología en la guerra híbrida, centrándose en sus características, usos y consecuencias. El objetivo es comprender cómo la cibertecnología ha transformado la dinámica de los conflictos y ha afectado la ciberseguridad. Se identifican las amenazas potenciales que surgen de su uso y se proponen medidas para prevenir y combatir los ataques cibernéticos. Además, se destaca que el impacto de estos ataques no se limita al ámbito militar, sino que también afecta a la economía, la sociedad y la política.

El trabajo examina las diferentes áreas en las que se emplea la cibertecnología como arma en la guerra híbrida. Se exploran las estrategias militares, el papel de los medios de comunicación, la influencia en las infraestructuras críticas, así como su impacto en los sectores civil/social, económicos, políticos y normativos.

Palabras clave: cibertecnología, guerra híbrida, guerra, ciberseguridad.

Abstract

Cybertechnology as a weapon in hybrid warfare has gained increasing interest due to its relevance in current conflicts. This tool has become a powerful tool to carry out covert actions and destabilize States or regions. In this paper, the impact of cybertechnology on hybrid warfare is analyzed, focusing on its characteristics, uses and consequences. The objective is to understand how cybertechnology has transformed the dynamics of conflicts and has affected cybersecurity. Potential threats arising from its use are identified and measures to prevent and combat cyber-attacks are proposed. In addition, it is highlighted that the impact of these attacks is not limited to the military field, but also affects the economy, society and politics.

The paper examines the different areas in which cybertechnology is used as a weapon in hybrid warfare. Military strategies, the role of the media, the influence on critical infrastructures, as well as their impact on the civil/social, economic, political and regulatory sectors are explored.

Keywords: *Cybertechnology, hybrid warfare, war, cybersecurity.*

1.

Introducción

En las últimas décadas, la cibertecnología se ha convertido en una herramienta clave en la guerra híbrida, un tipo de conflicto que combina tácticas militares tradicionales y no tradicionales. La cibertecnología se ha utilizado para fines de espionaje, sabotaje, propaganda y desinformación, entre otros. La rapidez, el alcance y la capacidad de ocultación de la cibertecnología la hacen especialmente atractiva para aquellos que buscan influir en la opinión pública y en el resultado de los conflictos. Sin embargo, el uso de la cibertecnología también ha generado preocupación en cuanto a la ciberseguridad, la privacidad y los derechos humanos (Astuni *et al.*, 2020, p. 25).

En la actualidad, la guerra híbrida se ha convertido en una amenaza latente para la seguridad de muchos países en el mundo. Este tipo de guerra, que combina medios convencionales y no convencionales, utiliza herramientas tecnológicas avanzadas para llevar a cabo acciones encubiertas y así desestabilizar a un Estado o región. La cibertecnología es una de estas herramientas, y se ha convertido en una de las armas más poderosas para la guerra híbrida (Jesús, 2021, p. 4).

En este contexto, la cibertecnología también ha tenido un gran impacto en la forma en que se desarrollan los conflictos armados y las estrategias militares en general. La denominada «guerra híbrida» ha emergido como una forma de enfrentamiento en la que se combinan diferentes tipos de guerra, incluyendo la ciberguerra, la guerra informativa y la guerra psicológica, entre otras (Muñoz, 2020, p. 63).

La cibertecnología se ha convertido en un arma fundamental en esta nueva forma de guerra, siendo utilizada tanto por estados como por grupos no estatales para influir en los procesos políticos, económicos y sociales de otros países. La ciberguerra se ha convertido en una amenaza real para la seguridad de los Estados, y la ciberseguridad se ha convertido en una de las mayores preocupaciones de los Gobiernos y las organizaciones en todo el mundo (García, 2022, p. 118).

Por lo tanto, el objetivo de este trabajo es analizar la cibertecnología como arma en la guerra híbrida, identificando las características, usos y consecuencias, con el fin de comprender cómo esta herramienta ha cambiado la forma en que se desarrollan los conflictos y cómo afecta a la ciberseguridad. Además, se busca examinar las implicaciones éticas y legales del uso de la cibertecnología en la guerra, y explorar las posibles medidas que se pueden tomar para hacer frente a la amenaza de la ciberguerra y proteger la ciberseguridad.

1.1. Justificación del tema elegido

El uso de la cibertecnología como arma en la guerra híbrida ha sido objeto de un creciente interés por parte de la comunidad internacional, ya que se ha convertido en una herramienta de gran importancia en los conflictos actuales. Este tema es relevante porque, en la medida en que avanza la tecnología, la cibertecnología se convierte en una herramienta de gran utilidad para llevar a cabo acciones encubiertas y, por tanto, para desestabilizar a un Estado o región (Villagra, 2019, p. 55).

En este sentido, es importante analizar las características, usos y consecuencias de la cibertecnología como arma en la guerra híbrida, con el fin de comprender cómo esta herramienta ha cambiado la forma en la que se desarrollan los conflictos y cómo afecta a la ciberseguridad.

De esta manera, se podrán identificar las amenazas potenciales que pueden surgir y se tomarán las medidas adecuadas para prevenir y combatir los ataques cibernéticos.

Además, este tema es importante porque el impacto de los ataques cibernéticos no se limita a los aspectos militares, sino que también afecta a la economía, la sociedad y la política de un país. Por lo tanto, es fundamental comprender cómo la cibertecnología ha cambiado la dinámica de la guerra y cómo ha afectado a la seguridad global.

En definitiva, este trabajo busca contribuir al conocimiento sobre la cibertecnología como arma en la guerra híbrida, y aportar información relevante sobre sus características, usos y consecuencias. Se espera que los resultados de este análisis permitan una mejor comprensión de los riesgos asociados a los ataques cibernéticos y contribuyan a la implementación de medidas adecuadas para proteger la seguridad nacional y global.

1.2. Problema y finalidad del trabajo

En la actualidad, la cibertecnología se ha convertido en una herramienta esencial en la guerra híbrida, una forma de conflicto que combina diferentes estrategias para alcanzar objetivos políticos y militares. La cibertecnología se utiliza para diversos fines, como el espionaje, la desinformación, la propaganda y la manipulación de la opinión pública, entre otros (Muñoz, 2020, p. 63).

Estos usos han dado lugar a una serie de consecuencias negativas, como la vulneración de la privacidad y la seguridad, la desestabilización de los sistemas políticos y la pérdida de la confianza en las instituciones (Astuni *et al.*, 2020, p. 62 y ss.).

Ante este panorama, es necesario analizar la cibertecnología como arma en la guerra híbrida, identificando sus características, usos y consecuencias, con el fin de comprender cómo esta herramienta ha cambiado la forma en la que se desarrollan los conflictos y cómo afecta a la ciberseguridad. El problema radica en la falta de comprensión sobre el alcance de la cibertecnología en la guerra híbrida y sus implicaciones en la seguridad nacional y global (Muñoz, 2020, p. 68).

La finalidad de este trabajo es analizar la cibertecnología como arma en la guerra híbrida, identificando sus características, usos y consecuencias, con el fin de comprender cómo esta herramienta ha cambiado la forma en la que se desarrollan los conflictos y cómo afecta a la ciberseguridad.

Para ello, se abordarán aspectos teóricos y prácticos, así como casos de estudio que ilustren la relación entre la cibertecnología y la guerra híbrida. Con este análisis se pretende ofrecer una visión completa y actualizada de la situación, así como contribuir al debate y a la reflexión sobre las implicaciones de la cibertecnología en el contexto de la guerra híbrida y la ciberseguridad.

Además, se espera que este trabajo sirva como base para futuras investigaciones y para la elaboración de estrategias y políticas públicas encaminadas a prevenir y afrontar los riesgos asociados a la cibertecnología en el ámbito de la seguridad y la defensa. En definitiva, el objetivo final es contribuir al conocimiento y al fortalecimiento de la seguridad nacional y global en el contexto actual de la guerra híbrida y la cibertecnología.

1.3. Objetivos

La cibertecnología ha emergido como una herramienta poderosa en la guerra híbrida, alterando la forma en que los conflictos se desarrollan y generando un impacto significativo en la ciberseguridad. Analizar en profundidad este fenómeno implica examinar sus características, usos y consecuencias.

En primer lugar, es esencial identificar las principales estrategias utilizadas en la cibertecnología como arma en la guerra híbrida. La guerra híbrida implica la combinación de tácticas convencionales y no convencionales empleadas por actores estatales y no estatales para lograr sus objetivos. En este contexto, la cibertecnología se ha convertido en una herramienta esencial tanto para llevar a cabo operaciones ofensivas como defensivas.

En segundo lugar, es necesario evaluar las consecuencias del uso de la cibertecnología como arma en la guerra híbrida. Estas consecuencias abarcan aspectos relacionados con la seguridad, la estabilidad y las relaciones internacionales entre los Estados. Los ataques cibernéticos pueden ocasionar daños significativos a infraestructuras críticas, como sistemas de energía, comunicaciones y transporte. La cibertecnología también ha modificado el panorama de los conflictos armados al permitir la ejecución de operaciones militares de manera encubierta y sigilosa. Los ataques cibernéticos pueden tener un impacto considerable en la toma de decisiones y en la percepción pública, lo cual puede socavar la estabilidad y generar tensiones entre los estados. La guerra híbrida, respaldada por la cibertecnología, presenta desafíos complejos en términos de seguridad nacional y relaciones internacionales.

El análisis de la cibertecnología como arma en la guerra híbrida implica considerar sus estrategias, los actores involucrados y cómo proteger a los ciudadanos. Asimismo, es esencial evaluar las consecuencias en relación con la seguridad, estabilidad y relaciones internacionales.

Marco teórico y desarrollo

2.1. Definición y características de la guerra híbrida

La guerra híbrida es una combinación de capacidades convencionales (uso manifiesto de la fuerza), terrorismo y guerra transnacional llevada a cabo por actores que claramente apoyan o dependen de un estado, pero que parecen estar operando fuera de su jurisdicción. Es un concepto que combina tácticas irregulares, como los delitos cometidos por delincuentes. Estas medidas también incluyen el uso de otros medios como ciberataques, desinformación y propaganda dirigida a la población en general de las naciones o minorías importantes. Estos medios pueden incluir agentes corruptos mediante el uso de dinero no declarado y la creación de presupuestos paralelos (Galán, 2018, p. 41).

Una comprensión conceptual de la guerra híbrida no es trivial en la literatura. Esta es la configuración que incide en la práctica de este tipo de conflicto. El aspecto más preocupante de este modelo es la incertidumbre derivada de su implementación (Ruiz-Ruano *et al.*, 2019, pp. 50 y 60). Esta incertidumbre es relevante no solo para los resultados, sino también para las acciones preventivas y de planificación frente a posibles amenazas híbridas (Bower, 2014, p. 15).

El conocimiento de las estrategias y métodos de trabajo de los diversos actores involucrados en la guerra es importante para ambos bandos. En este contexto, es importante comprender el peligro que supone enfrentarse a dichas amenazas. Esto se debe a que la amenaza parece ser una especie de relación de inferencia en la que, a partir de las señales recibidas, el receptor percibe al emisor como el promotor de un cambio de situación. Lejos de ser un ataque en sí mismo, una amenaza es precisamente esta conciencia que permite a las personas amenazadas tomar precauciones para protegerse de los ataques anunciados al hacerlo, pueden contrarrestar el efecto, evadirlo o contraatacar si es necesario. Sin embargo, la guerra híbrida pone en duda ese plan (Saint Pierre, 2017, p. 27 y ss.).

Al hacer referencia al concepto de «guerra híbrida», o «ataque híbrido», «estrategia híbrida», «tácticas híbridas» o «conflicto híbrido», se quiere recalcar que presenta una íntima relación con la implementación de una estrategia o varias de confrontación que, irremediablemente, no transitan únicamente por una acción de naturaleza militar. Ciertamente, una nación puede valerse de diversos métodos para que, gradualmente, vayan socavando tanto la seguridad como la estabilidad de otro estado, tomando como ejemplos los ciberataques o la emisión de una concentración masiva de tuits que vayan dirigidos en contra de la oposición de una administración concreta (Sierra-Zamora, Castaño-Bedoya, 2022, p. 863).

Al mismo tiempo, el engranaje de otras herramientas como la insurgencia, la migración o el manejo de *fake news* o la desinformación, entre algunos, se contemplan igualmente como las piezas de un puzle de combate no tradicionales, donde la propaganda y la incitación son los ingredientes esenciales. Según expertos y analistas, este ideal de agresiones es cada vez más frecuente (García, 2022, p. 115 y ss.).

2.1.1. Orígenes y evolución del concepto

El término «guerra híbrida» se acuñó en 2002 para describir las tácticas utilizadas por los rebeldes chechenos contra las fuerzas rusas durante la Primera Guerra Chechena (1994-1996). Sin embargo, se introdujo formalmente en la Estrategia de Defensa Nacional de EE.UU. en 2005 y describe una combinación de múltiples amenazas tradicionales, no convencionales, catastróficas o destructivas. Era en el artículo «Future Warfare: The Coming of Mixed Conflict», del general James Mattis y el teniente coronel Frank G. Hoffman, *The 2006 Summer War between Israel and Hezbollah, and "Conflicts in the 21st Century"* (Nemeth, 2002, p. 113; United States Departament of Defense, 2005; Mattis y Hoffman, 2007, p. 30).

El concepto de guerra híbrida se ha afianzado en la terminología militar y en numerosos documentos de EE.UU. y otros aliados, pero se ha convertido en un tema central en los debates militares y académicos sobre la transformación. Guerra híbrida no es el único término utilizado para ello.

De hecho, es el más reciente y llamativo de una serie de expresiones utilizadas desde la caída del Telón de Acero, como conflictos de cuarta y quinta generación, conflictos de tres bloques, conflictos compuestos, sin restricciones e ilimitados, conflictos entre la población, complejo-irregulares o no-lineales, entre otros, para definir las denominadas «nuevas guerras» del siglo XXI (Hoffman, 2007, p. 35; Hammes, 2005, p. 191 y ss.; Krulak, 1999, p. 47).

Estos conflictos, considerados característicos del mundo globalizado, y ejemplificados en los Balcanes, Chechenia, Afganistán, Irak, Líbano, Siria o el Estado Islámico, son vistos por estudiosos en asuntos militares, mayormente anglosajones, como novedosos, tanto por los actores involucrados (Estados, grupos guerrilleros y terroristas, redes criminales o contratistas militares privados), como por los medios utilizados (desde armamento sencillo y accesible utilizado de forma innovadora, hasta sistemas de armas altamente sofisticados o tecnologías de uso dual), las tácticas empleadas (acciones convencionales limitadas, actos terroristas, insurgencia, guerrillas u operaciones de información), los escenarios elegidos (desde zonas urbanas densamente pobladas hasta lugares remotos o de difícil acceso), los multiplicadores utilizados (sistemas de posicionamiento y geolocalización, inteligencia de fuentes abiertas (OSINT) y de redes sociales (SOCMINT), redes de información, comunicaciones avanzadas e Internet), o las fuentes de financiación (desde actividades legales hasta actos delictivos en colaboración con el crimen organizado) (Hoffman, 2006, pp. 403 y ss.; Lawson, 2013, p. 25; Naím, 2006).

Inicialmente, se intentaron definir estas «nuevas guerras» utilizando los términos tradicionales de guerra irregular (que va en contra de los usos y costumbres de la guerra) y conflicto asimétrico (que aprovecha las vulnerabilidades de las fuerzas regulares), dos términos bien establecidos en la jerga especializada que se siguen utilizando para describir estos conflictos que escapan a la lógica convencional, regular y simétrica.

Sin embargo, varios analistas advirtieron que estos conceptos tradicionales no lograban captar la complejidad, naturaleza e implicaciones de estas nuevas formas de lucha que parecían combinar el uso de métodos y medios característicos de las guerras irregulares (insurgencia, agitación, propaganda, guerrilla urbana o actos terroristas) con acciones convencionales limitadas, pero altamente efectivas.

Estos conflictos reunían armamento sencillo y sistemas de armas avanzados, así como sofisticados sistemas de mando, control, comunicaciones e inteligencia. Además, contaban con una organización más sólida, cohesionada y con mayores ambiciones políticas que los grupos insurgentes tradicionales, y aprovechaban el poder de Internet para difundir globalmente su mensaje político, así como tenían estrechas relaciones con el crimen organizado internacional que les proporcionaban financiación y acceso a bienes y servicios de todo tipo (Glenny, 2008, p. 5, Hanson, 2009, p. 78).

Como resultado, la complejidad y diversidad de estos conflictos llevó a muchos analistas de defensa a proponer alternativas a los conceptos de guerra asimétrica y guerra irregular, de las cuales la guerra compuesta y la guerra complejo-irregular son antecedentes directos de la guerra híbrida. Por un lado, la guerra compleja se define como el uso simultáneo de fuerzas regulares e irregulares bajo un mismo mando y dirección estratégica, con coordinación táctica y operativa. Los componentes irregulares utilizan tácticas de guerrilla para distribuir sus fuerzas sobre el enemigo, mientras que los componentes regulares luchan de forma convencional para concentrarlas en el enemigo. Es un componente crucial de la guerra combinada, un estilo de guerra utilizado muchas veces a lo largo de la historia para reducir la eficacia de las fuerzas regulares. El concepto de guerra irregular compleja, por otro lado, fue acuñado por Frank G. Hoffman, un destacado defensor del conflicto híbrido sociedad (Hoffman, 2006, p. 43; 2007, p. 409).

La idea de guerra irregular de complejidad, escala, alcance y peligro cada vez mayores, y nuevos conceptos operativos basados en el uso conjunto de fuerzas regulares e irregulares, sentaron las bases para la guerra híbrida. Se concibe como una sofisticada forma de combate característica de la era de la información, basada en el potencial de globalización y libre acceso a tecnología avanzada. La guerra híbrida utiliza una amplia gama de herramientas y tácticas, incluida la diplomacia, la propaganda, la desinformación, los ataques cibernéticos, la guerra psicológica, el sabotaje, la infiltración, la guerra económica y el apoyo a grupos delegados, para combatir acciones convencionales y no convencionales. Se caracteriza por una combinación. Este enfoque tiene como objetivo combinar componentes militares y no militares en una estrategia integrada y flexible para socavar a los adversarios y lograr objetivos estratégicos sin recurrir necesariamente a la guerra abierta (Hoffman, 2006, p. 43; 2007, p. 410; Mattis y Hoffman, 2005, pp. 30-32).

Como se ha planteado previamente en esta sección, a pesar de su uso extendido en la actualidad, el concepto no es nuevo. A lo largo de la historia, se han utilizado diversas formas y métodos «híbridos» en numerosos conflictos y batallas desde tiempos antiguos. Sin embargo, los medios de lucha empleados han variado, dependiendo de las características sociales, el desarrollo tecnológico y la creatividad propia de cada época (García, 2022, p. 113).

Debido a esto, aunque muchas de las características del enfoque híbrido son identificables en enfrentamientos pasados, su implementación generalizada y sus resultados decisivos en conflictos más recientes han generado un amplio debate tanto en el ámbito doctrinal como académico. Este debate aún no se ha resuelto y busca determinar si «lo híbrido» representa una verdadera innovación en la forma de llevar a cabo los conflictos o si simplemente constituye una variante en la aplicación de conceptos ya existentes, como el conflicto asimétrico o la insurgencia (Guerrero, 2022, p. 65).

La forma de llevar a cabo la guerra descrita suele ser resultado de una relación asimétrica entre actores, donde uno de ellos cuenta inicialmente con una ventaja militar convencional. El actor en desventaja buscará soluciones híbridas alternativas para alcanzar una situación más equilibrada o favorable en comparación con su adversario. Sin embargo, lo más destacado es que las amenazas híbridas, por diversas razones como la economía de recursos o el mantenimiento del estatus internacional, tratarán en primera instancia de evitar un conflicto armado generalizado (Fonseca-Ortiz, Cortés-Castillo, Cardona-Orozco, 2022).

El carácter innovador de este término podría asociarse, más bien, al hecho de que las amenazas híbridas pueden manifestarse en todas las etapas del espectro del conflicto y requerir la acción de los instrumentos de poder del estado afectado en situaciones que se sitúan por debajo del umbral del conflicto armado, en lo que se conoce como «zona gris» (donde las fuerzas armadas no desempeñan un papel principal en el desarrollo del conflicto) (Sierra-Zamora, Castaño-Bedoya, 2022, p. 860).

Otro aspecto importante que considerar es el aprovechamiento de las nuevas tecnologías por parte de la amenaza híbrida, lo que le permite integrar de manera efectiva, convergente y creativa diversas formas y medios de acción, tanto convencionales como no convencionales, ejercidos de manera oportuna en diferentes «espacios de batalla» (físico, político, económico, informativo, cibernético). Entre estos, destaca el uso del ciberespacio como escenario principal de confrontación, y la manipulación y moldeo de la información a través de los medios de comunicación masivos y las redes sociales (Bonavena, Nievas, 2022, p. 56).

2.1.2. Elementos principales de la guerra híbrida

La guerra no solo implica el uso de armas, sino también la intervención de diversos actores y elementos públicos y privados (Nieto y Cenit, 2015, p. 18). Esta intervención y la forma en que se lleva a cabo es uno de los factores que ha evolucionado en los últimos años e influido en el surgimiento de una forma de conflicto denominada «guerra híbrida» o «conflicto híbrido». Además de los aspectos militares tradicionales de la guerra, también existen actores civiles que crean malestar al introducir elementos que no están presentes en la guerra convencional o tradicional (Colom Piella, 2013, p. 680).

Los recursos de que disponen las partes implicadas en una guerra se convierten, por tanto, en un factor clave para identificar y reconocer los acontecimientos en el contexto de la guerra y clasificarlos en diferentes estrategias y modalidades. Revelar estas incertidumbres, si es posible formularlas como tales, ayudará a aproximarse de manera completa y precisa a una noción clara y acordada de guerra híbrida (Colom Piella, 2013, p. 691).

La guerra híbrida se caracteriza por su asimetría y capacidad para operar en diferentes dominios como el ciberespacio, el espacio exterior, los dominios económicos, políticos y culturales. Además, busca utilizar la globalización y la tecnología de la información para difundir desinformación, propaganda y manipulación de la opinión pública. Esto puede afectar en gran medida la percepción y la voluntad de los oponentes (Azani, 2013, p. 910; Lasica, 2009; Schroefl y Kaufam, 2014, p. 865).

Esta forma de guerra puede ser librada por actores estatales y no estatales y puede tener graves consecuencias para la seguridad nacional, la política internacional, la economía y la sociedad en general. Además, debido a su proliferación y capacidad para operar de forma encubierta, la guerra híbrida plantea desafíos importantes para la detección, el mapeo y la respuesta efectivos (Azani, 2013, p. 915; Lasica, 2009; Schroefl y Kaufam, 2014, p. 868).

Estas características hacen que las guerras del siglo XXI sean muy diferentes formalmente a los conflictos más representativos de la Época Moderna y Contemporánea, donde los Ejércitos regulares de los Estados-nación solían combatir de manera convencional y simétrica en frentes bien definidos, con tecnología avanzada para la época y siguiendo las normas y costumbres aceptadas de la guerra. Por lo tanto, no es sorprendente imaginar que cualquier adversario, ya sea convencional o irregular, intentará aprovechar las oportunidades que ofrece el mundo actual para explotar las limitaciones del estilo de combate occidentalizado, basado en la supremacía tecnológica, doctrinal, organizativa, logística y táctica de las fuerzas armadas occidentales y en el estricto cumplimiento de las leyes y costumbres de la guerra con el objetivo de lograr victorias rápidas y decisivas con mínimos daños colaterales, aunque estas victorias sean más la excepción que la norma, como ha quedado demostrado en la Guerra contra el Terror y los desórdenes causados por la Primavera Árabe (García, 2022, p. 116).

Ante la imposibilidad de enfrentarse con una fuerza convencional capaz de competir con los Ejércitos regulares avanzados, el enemigo se dispersa y hostiga al adversario regular con ataques limitados, emboscadas y acciones terroristas. En lugar de atacar en grupo, lo hace en solitario o en pequeñas unidades organizadas en red como enjambres. Ante la incapacidad de vencer al enemigo en terreno abierto, lo hace en áreas urbanas, selvas o montañas. Ante la dificultad de controlar el territorio, mezclarse con los que buscan cobijo y alimento. Debido a la dificultad de concentrar constantemente potencia de fuego y precisión, se vio obligado a apoyarse en fuerzas dispersas y localizaciones específicas y busca utilizarlas contra civiles a tiempo, actuar fuera de las reglas y convenciones de la guerra y asegurar que sus acciones sean lo más estratégicas posibles. Incide en el aprovechamiento benéfico de su acto y en la esmerada presentación del mismo. Sin embargo, estas formas de comportamiento no son respuestas novedosas o específicas a los estilos de lucha occidentalizados (Fatjó, 2008, p. 136).

Las formas de guerra no convencionales, asimétricas o irregulares, iban desde la rebelión de los macabeos contra los seléucidas hasta estos métodos aparentemente obsoletos, simples e intransigentes de explotar las vulnerabilidades de los oponentes más poderosos, que fueron los pilares de la Guerra Fría (Ventura Velázquez *et al.*, 2009).

Pocos estrategas occidentales esperaban que los estados alemanes enfrentasen uno de los mayores desafíos entre sí después del final. Occidente y Estados Unidos creían que una poderosa fuerza de la Guerra Fría mantendría y extendería la superioridad militar en el nuevo entorno estratégico y participaría en una revolución militar que transformaría el arte de la guerra (Fatjó, 2008, p. 158; Piella, 2014, p. 43).

Sin embargo, paradójicamente, la guerra no convencional, asimétrica o irregular que naturalmente complementó la guerra convencional, simétrica o regular y ha sido una parte integral y perdurable de la historia de la guerra desde la antigüedad clásica, es un desafío más que enfrentamos. Un ejército al que tuvieron que hacer frente las naciones más desarrolladas tras el final de la Guerra Fría (Ron, 1995, p. 131).

Los enemigos dispersos acosan a los enemigos regulares con ataques limitados, emboscadas y actos de terror, actúan solos o en pequeñas unidades organizadas en redes, buscan seguridad entre las poblaciones y acosan a los enemigos más poderosos, aprovechan las vulnerabilidades. Estas formas de acción, aparentemente arcaicas y simplistas, buscan explotar las lagunas y limitaciones de los estilos de lucha occidentalizados, basados en la superioridad tecnológica y el apego a las leyes y costumbres de la guerra, subestimando la persistencia y relevancia de estas formas no convencionales de guerra en el medio ambiente, Occidente y Estados Unidos esperaban mantener y expandir su superioridad militar en la era posterior a la Guerra Fría (Fatjó, 2008, p. 150; Piella, 2014, p. 43).

De acuerdo con las manifestaciones del Consejo de Europa, se considera más preciso y apropiado utilizar los términos «amenaza híbrida» o «conflicto híbrido» en lugar de «guerra híbrida», cuando no hay confrontación armada, ya sea encubierta o no, y teniendo en cuenta las medidas de seguridad nacional y los límites legales de los Estados (Galán, 2018, p. 43).

El Servicio de Estudios del Parlamento Europeo (Resolución PE, 2022) señala que las amenazas híbridas pueden manifestarse en diversas situaciones, como actos terroristas, ataques cibernéticos contra los Estados y sus organizaciones, acciones de grupos delictivos armados como los cárteles de la droga mexicanos, disputas marítimas en el Mar de China Meridional, restricciones al uso del espacio, acciones económicas hostiles como bloqueos de exportaciones, y operaciones militares encubiertas como el caso de los *littlegreenmen* en Crimea. Estas amenazas pueden surgir tanto de Estados como de actores no estatales, y pueden involucrar formas de confrontaciones violentas o no violentas. Desde el punto de vista jurídico, es más apropiado utilizar el término «guerra híbrida» en situaciones de conflicto armado declarado y no encubierto, lo que activa la aplicación del Derecho Internacional Humanitario (DIH) (Galán, 2018, p. 42).

En general, las amenazas híbridas tienen como objetivos erosionar la confianza de los ciudadanos en sus instituciones, generar desconfianza en el sistema democrático, socavar la cohesión social o los modelos sociales de los Estados o de las organizaciones internacionales como la Unión Europea o la OTAN, debilitar el sistema de gobierno de las víctimas, convencer de la decadencia de un sistema tanto a la población de la víctima como a su propia población, y posiblemente, debido a la naturaleza cambiante del orden mundial desde el fin de la Guerra Fría, la existencia de estas amenazas se deba a esta variabilidad que genera incertidumbre y requiere una amplia prevención (Galán, 2018; Pulido, 2017).

Actualmente, el poder es la capacidad de cambiar las creencias, actitudes, preferencias, expectativas, opiniones, sentimientos o la voluntad de actuar de otra persona, y es quizás más importante que el poder material, y el ciberespacio posibilita en gran medida este potencial, alterando así sus dimensiones internas y externas.

A diferencia de los Estados nacionales, la eficacia disuasoria potencial de una organización contra las amenazas híbridas armadas con armas de destrucción masiva (ADM) puede ser incierta. Los patrocinadores estatales pueden desalentar que estas capacidades estén disponibles para híbridos de terceros, pero la historia reciente sugiere que es probable que los elementos híbridos que adquieran armas de destrucción masiva a través del colapso del estado se beneficien de la influencia estatal hacia actores menos poderosos o que no pertenecen a grupos selectos de revoluciones militares (Bellet, 2020, p. 102), y la proliferación de actores que pueden facilitarlas o participar en ellas, la llamada guerra híbrida.

Este enfoque busca evitar que el conflicto armado se desarrolle de acuerdo con el escenario más favorable para el uso de la fuerza por parte de las fuerzas de vanguardia en asuntos militares (Morales, 2017, p. 1007).

La guerra híbrida debe entenderse como un conflicto abierto que involucra el uso de la fuerza y una combinación de elementos de la guerra convencional, incluso si no es una guerra convencional (Bowers, 2014, p. 36). Como tal, esta nueva forma de guerra busca socavar las fuerzas involucradas en el conflicto en todos los niveles, con el objetivo de la retirada y derrota del enemigo utilizando todas las herramientas, armas o métodos que se pueda disponer.

Las amenazas híbridas son una respuesta a las nuevas realidades estratégicas, impulsadas por la globalización, la redistribución del poder a nivel internacional, los avances tecnológicos y los desarrollos sociológicos. Estas amenazas se adaptan a estos cambios y utilizan diferentes modos y medios para lograr sus objetivos. Algunos de los aspectos clave de estas estrategias son la ambigüedad y la combinación sincronizada de acciones convencionales e irregulares. El objetivo principal es obtener una ventaja sobre otros actores para imponer la propia voluntad. Además, estas estrategias buscan eludir las restricciones jurídicas y éticas que podrían limitar las acciones aceptables en el conflicto. Las amenazas híbridas también aprovechan elementos como la opinión pública occidental, la instrumentalización de religiones e ideologías, y el papel dominante de los medios de comunicación, Internet y las redes sociales.

Cuando sea conveniente para obtener una ventaja, el oponente superará los límites de la diplomacia y el derecho internacional, sin adherirse a los principios de buena fe en las relaciones internacionales ni a las leyes y convenciones de guerra. En consecuencia, sus operaciones incluirán campañas de propaganda y desinformación para justificar sus acciones o sembrar dudas en la opinión pública tanto nacional como internacional. De esta manera, las estrategias híbridas pueden involucrar medidas de presión política, diplomática o económica; propaganda; acciones subversivas (terrorismo, delincuencia organizada, ciberataques, movilización de masas, uso de escudos humanos, etc.) con un nivel de violencia controlado, que generalmente involucran a actores no estatales; operaciones militares encubiertas y, en última instancia, operaciones militares convencionales.

La respuesta a las amenazas híbridas por parte de los estados es un desafío complejo debido a la diversidad de actores involucrados y las diversas tácticas empleadas. Estas amenazas pueden provenir de entidades estatales y no estatales, y se caracterizan por combinar una variedad de acciones convencionales e irregulares, como el uso de la desinformación, la propaganda, el ciberataque, el terrorismo, la delincuencia organizada y la movilización de masas.

Para hacer frente a estas amenazas, es esencial que cada estado desarrolle una estrategia integral que aborde tanto los aspectos defensivos como los ofensivos. A continuación, se detallan algunas medidas clave que podrían formar parte de esta estrategia:

- Autoevaluación de funciones críticas: Cada Estado debe realizar una evaluación exhaustiva de las funciones críticas en todos los sectores, incluyendo aspectos políticos, económicos, sociales y de seguridad. Esto implica identificar las vulnerabilidades existentes y fortalecer las capacidades necesarias para hacer frente a las amenazas híbridas.
- Ampliación de la evaluación de amenazas: La evaluación de amenazas tradicional debe ampliarse para incluir no solo los aspectos militares, sino también herramientas y capacidades no convencionales en los ámbitos político, económico, civil e in-

formativo. Esto implica analizar las vulnerabilidades en estos ámbitos y desarrollar contramedidas adecuadas.

- Establecimiento de un organismo especializado: Es fundamental que cada Estado establezca un organismo o entidad dedicada específicamente a contrarrestar las estrategias híbridas. Este organismo debe contar con expertos en diversos campos, como inteligencia, seguridad cibernética, comunicaciones estratégicas y diplomacia, y estar dotado de los recursos necesarios para llevar a cabo su labor.

- Definición de objetivos estratégicos realistas: Cada Estado debe establecer objetivos estratégicos claros y realistas en el enfrentamiento de las amenazas híbridas. Estos objetivos deben estar alineados con los intereses y prioridades nacionales, y servir como guía para la toma de decisiones y la asignación de recursos.

- Identificación del umbral para la acción: Es importante que cada estado identifique el umbral apropiado que desencadenará acciones de disuasión y/o respuestas. Esto implica establecer líneas rojas claras y comunicar de manera efectiva las consecuencias que se desencadenarán en caso de que se sobrepasen esos límites

- Diseñar y llevar a cabo una estrategia basada en los tres componentes de detección, disuasión y respuesta:

  - Detección: El enfoque tradicional de análisis de amenazas que se centra únicamente en el enemigo no es suficiente para detectar los ataques híbridos característicos de las amenazas actuales. Es necesario desarrollar métodos alternativos para establecer un conocimiento profundo de la situación. Una forma de abordar esto es diferenciar los posibles ataques futuros en dos categorías: «incógnitas conocidas» e «incógnitas desconocidas». Esto implica la implementación de sistemas de inteligencia y vigilancia que puedan identificar patrones, detectar señales de alerta temprana y analizar la información en tiempo real.

  - Disuasión: La disuasión es una herramienta fundamental para contrarrestar las estrategias híbridas, ya que tiene el potencial de prevenir ataques antes de que ocurran. Sin embargo, las características particulares de las amenazas híbridas complican el cálculo de la disuasión tradicional, lo que requiere una actualización de los enfoques convencionales. Los pilares fundamentales de la disuasión en este contexto son la credibilidad, la capacidad y la comunicación efectiva. La credibilidad implica demostrar de manera creíble que se tienen los recursos y la voluntad de responder de manera contundente a cualquier ataque híbrido. La capacidad se refiere a la habilidad para frustrar y contrarrestar las acciones del adversario. Y la comunicación efectiva consiste en transmitir de manera clara y convincente las intenciones de defensa y las consecuencias negativas que enfrentaría el adversario si lleva a cabo sus acciones híbridas.

- Respuesta: La respuesta a un ataque híbrido presenta un dilema inicial, ya que se debe decidir si se responde y de qué manera. Una vez que se ha determinado que la respuesta es necesaria, es importante establecer los «fines» de acuerdo con los objetivos estratégicos y los umbrales específicos para la acción del actor que responde. Estos fines pueden variar desde la defensa directa contra las acciones híbridas hasta la imposición de costos y consecuencias al adversario, con el objetivo de disuadir futuros ataques y restablecer la estabilidad.

- Desarrollar la maquinaria institucional para implementar estas medidas a través de los Gobiernos nacionales y las instituciones multinacionales para asegurarse de que sea adecuada para su propósito. La respuesta efectiva a las amenazas híbridas requiere una coordinación y cooperación sólidas tanto a nivel nacional como internacional. Esto implica desarrollar una estructura institucional que permita la implementación de las medidas diseñadas para la detección, disuasión y respuesta. Los Gobiernos nacionales deben fortalecer sus capacidades internas, incluyendo la asignación de recursos adecuados y la creación de organismos especializados encargados de abordar las amenazas híbridas.

Además, es esencial fomentar la cooperación y el intercambio de información entre los países, así como fortalecer las instituciones multinacionales pertinentes, como organizaciones regionales o acuerdos de seguridad, para abordar de manera efectiva las amenazas híbridas a nivel global.

2.1.3 De las amenazas híbridas a la zona gris

Para abordar la relación entre la zona gris y el concepto de los conflictos híbridos, es necesario realizar algunas aclaraciones previas. En primer lugar, es importante entender la relación que existe entre la zona gris y la naturaleza híbrida de estos conflictos. En segundo lugar, es relevante considerar los actores que suelen utilizar, o al menos tienen la capacidad de utilizar, esta táctica.

La zona gris se refiere a un espacio ambiguo y difuso en el que se llevan a cabo actividades que no se ajustan claramente a las categorías tradicionales de paz o guerra. Es un terreno donde los actores emplean tácticas y estrategias que combinan elementos militares, políticos, económicos y sociales, difuminando las líneas entre la guerra convencional y otras formas de conflicto.

En el contexto de los conflictos híbridos, la zona gris se convierte en un espacio propicio para la implementación de tácticas no convencionales. Los actores involucrados en estos conflictos, ya sean estados, grupos terroristas, organizaciones criminales o actores no estatales, aprovechan esta zona gris para llevar a cabo actividades encubiertas, desestabilizar regiones, minar la confianza en las instituciones y socavar el orden establecido. La zona gris puede ser utilizada de manera estratégica por diversos actores, ya que les brinda la posibilidad de operar con una relativa impunidad y sin asumir la responsabilidad plena de sus acciones. Estos actores pueden aprovechar las lagunas en la legislación internacional, las restricciones éticas y las convenciones diplomáticas para llevar a cabo acciones agresivas y subversivas.

La zona gris se ajusta perfectamente al concepto de amenazas y estrategias híbridas (Chambers, 2016), ya que implica la explotación de todos los recursos disponibles, incluyendo los económicos, diplomáticos, culturales, entre otros, como parte integral de enfrentar un conflicto internacional. En este sentido, lo militar es solo una pequeña parte de los recursos empleados. Sin embargo, la zona gris no encaja bien, o simplemente no encaja, en la noción de guerra híbrida, que implica la participación activa de fuerzas militares, incluso armadas con armas convencionales, en la zona de conflicto (Hoffman, 2017, p. 121).

La zona gris no debe ser considerada como una forma de guerra, sino como una forma de paz caracterizada por la polemología y el conflicto. A diferencia de la paz tradicional, la zona gris deliberadamente viola las normas de buena fe que suelen regir las relaciones internacionales en tiempos de paz. Su objetivo principal es evitar la necesidad de recurrir a la guerra abierta para lograr los objetivos establecidos. Se emplean tácticas y estrategias que aprovechan la ambigüedad y la falta de claridad para operar en un terreno que se encuentra en el límite entre la paz y la guerra. En este contexto, los actores involucrados utilizan recursos económicos, diplomáticos, culturales y otros medios no militares como herramientas para lograr sus objetivos. La intención es evitar un conflicto armado directo, pero al mismo tiempo mantener una presión constante y desestabilizadora sobre el adversario.

Es importante destacar que la zona gris desafía los principios de buena fe y las normas establecidas en las relaciones internacionales. La falta de transparencia y la utilización de tácticas encubiertas hacen que sea difícil atribuir responsabilidades claras a los actores involucrados. Esto genera un ambiente de incertidumbre y dificulta las respuestas efectivas por parte de la comunidad internacional.

La zona gris es compatible con el concepto de amenazas y estrategias híbridas, al implicar el uso de una amplia gama de recursos en un conflicto. Sin embargo, difiere de la noción de guerra híbrida, ya que no implica la participación activa de fuerzas militares en la zona de conflicto. La zona gris representa una forma conflictiva de paz, donde se busca alcanzar los objetivos sin tener que recurrir a la guerra abierta.

Por otro lado, al desarrollar una estrategia de «zona gris», es importante tener en cuenta que los Estados no son los únicos actores capaces de generar estas zonas. Otros actores, que debido a su naturaleza ocupan o aspiran a ocupar territorios, también pueden intentarlo con cierto éxito si cuentan con estructuras similares a las estatales. Un ejemplo de ello son los señores de la guerra, quienes desempeñan funciones estatales de facto (aunque carezcan de reconocimiento internacional y, generalmente, nacional) y disponen de fuentes de ingresos propias (aunque irregulares, ya que esto no es incompatible con la zona gris), así como una amplia gama de servicios, incluidos los de seguridad, que los Estados suelen proporcionar.

De manera similar, las administraciones subestatales (como los estados federados) también podrían desarrollar estas habilidades. Incluso algunos grupos terroristas, como el Estado Islámico (ISIS) y Hezbollah, cuya aspiración es el control territorial, podrían optar por establecer zonas grises. En consecuencia, su objetivo no solo sería la desestabilización (Triana y Pérez, 2012, p. 656).

Es importante señalar el tipo de actor que con mayor probabilidad puede optar por establecer estas zonas grises. Dentro del conjunto de Estados en el sistema mundial, son propensos aquellos que podríamos describir como moderadamente revisionistas. Ambos términos son relevantes. Son revisionistas porque se sienten incómodos con el orden internacional establecido. Sin embargo, su revisionismo es moderado, ya que siguen siendo capaces de cumplir algunos de sus objetivos fundamentales (seguridad, viabilidad económica, canales diplomáticos, etc.) dentro del marco del orden existente.

Por el contrario, los Estados frecuentemente mencionados en la literatura como los más activos en el uso de zonas grises (China, Rusia e Irán) muestran diferentes niveles de insatisfacción con el liderazgo actual de Estados Unidos y con las organizaciones internacionales más destacadas, como la OTAN. Sin embargo, a pesar de estas circunstancias, estos actores son capaces de seguir avanzando en aspectos fundamentales de sus respectivas agendas. Por esta razón, consideran la utilización de un mecanismo como el que estamos analizando, el cual normalmente produce dividendos geopolíticos a mediano y largo plazo (Morales, 2017, p. 1115).

La zona gris resulta útil para lograr objetivos similares a los que normalmente requerirían una guerra. Estos objetivos, denominados *warlikeaims* por algunos actores (Freier, 2016), tienen un alto valor geopolítico. Entre ellos se destaca, principalmente, la promoción de la independencia de una parte de otro Estado cuando este último es un rival geopolítico del actor que utiliza la zona gris. También se incluye la provocación de la anexión total o parcial de otro Estado previamente independiente, así como la generación de un cambio de régimen, que puede implicar un cambio de Gobierno con un impacto relevante en la distribución de poder, tanto a nivel mundial como regional.

¿Por qué se elige esta estrategia en lugar de otras alternativas? Principalmente, porque las demás opciones para alcanzar los objetivos planteados podrían desencadenar un conflicto armado. En realidad, aquellos que utilizan la zona gris temen la posible reacción militar por parte de los defensores del *statu quo*. Saben que si optan por una guerra híbrida o una invasión directa con fuerzas convencionales, aumenta considerablemente la probabilidad de que otros Estados reaccionen de la misma manera para restaurar el orden internacional. Dado su enfoque moderadamente revisionista, el costo sería demasiado alto. Por lo tanto, aquellos que proponen la zona gris lo hacen precisamente para evitar desencadenar un *casus belli* y procuran no cruzar ciertos límites. De esta manera, también logran que, en caso de escalada, la comunidad internacional pueda responsabilizar a los defensores del *statu quo* (Enamorado, 2022, p. 73)

Existen dos tipos de líneas rojas por tener en cuenta. Por un lado, se puede hablar de un doble filtro en el cual quienes generan una zona gris consideran tanto los parámetros del derecho internacional (Artículo 51 de la Carta de las Naciones Unidas) como la práctica de las principales potencias, analizadas desde una perspectiva empírica

(Echevarría, 2016). Es comprensible que sea así, ya que, en ocasiones, aunque el derecho internacional exija una intervención, otros criterios de prudencia política dificultan o inhiben esa opción.

Es importante considerar si la zona gris siempre es un fin en sí misma o puede ser un medio para lograr otros objetivos. Ambas opciones son posibles. Idealmente, la zona gris debería cumplir sus objetivos sin dar lugar a ningún tipo de guerra, ni siquiera híbrida. Hemos mencionado algunos ejemplos en ese sentido. Sin embargo, en caso de no lograrlo, el trabajo realizado para establecerla podría ser utilizado en una escalada posterior hipotética. Incluso podría planificarse el inicio de una guerra híbrida a partir del previo establecimiento de una zona gris (Morales, 2017, p. 1120). Es importante tener en cuenta que, para una potencia revisionista dispuesta a generar zonas grises, el escenario previo y posterior al establecimiento de estas zonas cambia por completo. Esto se relaciona con aspectos fundamentales, como aquellos integrados en la trinidad de Clausewitz. Si la construcción de una zona gris es efectiva, es más probable que las potencias revisionistas obtengan un mayor apoyo de la población civil local en el lugar donde se implementa, al mismo tiempo que se deteriora la imagen del gobierno local. Esto significa que, en determinado momento, las potencias revisionistas podrían tener incentivos para provocar una escalada y asumir mayores riesgos.

2.1.3.1. Herramientas de la zona gris

El primer y principal medio que utilizar es la creación de una narrativa que respalde las pretensiones de la potencia revisionista. Esta narrativa no suele ser rigurosa desde un punto de vista histórico, aunque suele tener fundamentos en la realidad para resultar creíble ante diferentes audiencias. La escuela social-constructivista ha demostrado la capacidad de ciertos actores para influir de esta manera no solo en el comportamiento, sino incluso en la identidad de grandes grupos de personas, llegando incluso al extremo de «crear» naciones donde antes no existían (Jesús, 2021, p. 4).

El objetivo de estas narrativas es doble: defender la propia causa al tiempo que erosionan la legitimidad del Estado en el que se establece la zona gris. Sin embargo, ninguna narrativa es eficaz sin los medios adecuados para difundirla. Deutsch menciona el sistema educativo, los medios de comunicación y las entidades de la sociedad civil que respalden esta causa. En la actualidad, se debe agregar el papel de Internet (sitios web y grupos de reflexión) y las redes sociales. En algunos casos, también es útil implementar una política de otorgamiento de becas a estudiantes extranjeros para que asistan a las universidades del Estado que genera la zona gris, con la expectativa de que regresen a sus países de origen como defensores de quien los acogió de esa manera. Según algunos expertos, esto es algo que Turquía ha estado haciendo en varios Estados de Asia Central (Gamón, 2017, p. 85).

En segundo lugar, la zona gris se basa en la movilización de civiles debido a su propia naturaleza. Estos civiles son los protagonistas clave que permiten alcanzar los objetivos establecidos. Estos objetivos, como hemos visto, son «agresivos» por naturaleza, pero deben ser moderados en cuanto a su implementación (Berzins, 2014, p. 2005).

Las movilizaciones resultantes suelen ser pacíficas y perfectamente compatibles con el Estado de derecho, como las manifestaciones masivas. En algunos casos, pueden rozar los límites de la legalidad penal, como la ocupación prolongada de calles y plazas, o pueden violarla sin recurrir a una gran dosis de violencia física, como rodear sedes parlamentarias. Sin embargo, en otros casos, pueden cometer delitos más evidentes, como acciones de vandalismo callejero, sabotaje de infraestructuras o actos de terrorismo, o una combinación de estas acciones. Sin embargo, en todos estos casos, las violaciones de las normas suelen ser consideradas como delitos penales internos, sin constituir un *casus belli* según el derecho internacional.

En algunas ocasiones, los actores principales en una zona gris no serán grandes grupos de personas, sino funcionarios públicos que también tienen un estatus civil. Pueden ser miembros de fuerzas de seguridad, servicios de guardacostas u otras posiciones similares, así como personal científico asignado a proyectos de explotación, prospección o servicios hidrográficos, entre otros. También es posible que se presenten escenarios mixtos.

Otra estrategia es fomentar la colaboración de embarcaciones pesqueras de manera que, en la práctica, sigan estando formalmente al margen de los órganos y estructuras militares de cada Estado. De esta manera, se evita que las operaciones recaigan principalmente en los militares. Este es el enfoque adoptado por China en el Mar de China Meridional, especialmente a partir de 2012 (Hoffman, 2017, p. 120).

Las zonas grises suelen incorporar mecanismos de «guerrilla» económica. Las medidas implementadas pueden ser legalmente válidas, como las subvenciones, pero en realidad no satisfacen el interés público. Más bien, se busca fortalecer a aquellos que estén dispuestos a colaborar en la construcción de la zona gris, al tiempo que se margina intencionalmente al resto de actores relevantes. Lo mismo ocurre, de manera aún más directa, con los boicots a ciertos productos o empresas, con el objetivo de que el defensor del *status quo* considere dicho perjuicio como parte de sus costos (Enamorado, 2022, p. 73).

Por último, es importante tener en cuenta que incluso en la creación de zonas grises, las fuerzas armadas pueden desempeñar roles relevantes. Por un lado, pueden emplear a miembros de sus servicios de inteligencia u operaciones especiales para llevar a cabo operaciones encubiertas o secretas en el territorio donde se establece la zona gris. Su función sería supervisar, fortalecer o redirigir algunas de las acciones contempladas en los tres aspectos anteriores.

Por lo tanto, la zona gris es una estrategia en la que se descarta el conflicto abierto debido a las capacidades militares de las potencias que defienden el *statu quo* internacional. Se trata de un medio para lograr objetivos de gran importancia estratégica sin generar un *casus belli*. Esta es una de las razones por las cuales es plausible la hipótesis de que este tipo de conflictos de baja intensidad aumentará en los próximos años. La principal ventaja de esta política radica en la relación costo-beneficio que favorece al Estado que emplea estas tácticas. Si la zona gris logra desplegar todos los efectos previstos, puede causar cambios significativos en el sistema político global con un desgaste mínimo por parte del Estado que la crea. Sin embargo, incluso en el caso de que no se alcancen estos objetivos, la zona gris socava a otros Estados e incluso a las organizaciones internacionales en las que están involucrados, poniendo en duda la credibilidad de esas alianzas y, en última instancia, de las potencias que las lideran.

Por otro lado, la zona gris otorga la iniciativa estratégica al Estado que la implementa, ya que obliga a otros actores a diseñar respuestas que suelen ser autolimitadas debido a las características del desafío planteado, para evitar ser percibidos como los agresores. En este sentido, es probable que la expansión de las zonas grises opere incluso como una prueba (comportamiento de sondeo) para evaluar tanto el celo como la agilidad de los Estados rivales en la defensa de sus intereses. El problema radica en que las zonas grises terminen no siendo una alternativa, sino un incentivo o incluso una preparación para el estallido de futuras guerras. Distinguir entre ambas posibilidades (zona gris como un fin en sí misma o como un medio para escalar en mejores condiciones y en el momento adecuado) no es fácil en la práctica.

2.2. Consecuencias de la cibertecnología como arma en la guerra híbrida

2.2.1. Efectos en la seguridad y estabilidad de los Estados e impacto en las relaciones internacionales

Conceptualmente una situación de crisis se manifiesta como una fuerza externa agresiva o natural que explota las vulnerabilidades y ataca los sistemas críticos en una región u objetivo en particular. Estas crisis pueden surgir como resultado de acciones de información y cibernéticas en situaciones de conflicto híbrido tales como: amenazas cibernéticas, psicológicas y físicas dirigidas a la infraestructura crítica de los sistemas de comando y control militares o gubernamentales. La pérdida o degradación de la función puede manifestarse como una función no lineal. Esto significa que los efectos pueden no ser visibles hasta que el sistema de destino falle por completo (Inglehart y Norris, 2016, p. 213; Berzins, 2014, p. 2013).

Todos los sectores presentan vulnerabilidades de las que se sirven los atacantes para perpetrar sus ataques. Entre otros, en el sector militar pueden aprovecharse del descontento del estamento militar o las deficiencias o limitaciones en los medios de defensa o en su despliegue. En el sector civil, actúan en situaciones de descontento de la población (o de un sector de ella), ausencia de cohesión social o división económica, religiosa o sectaria de la sociedad, especialmente en situaciones de crisis económica. También pueden explotar los momentos de debilidad de los sistemas políticos democráticos, las divergencias multilaterales, la falta de regulación o el escaso rigor de los medios de comunicación en la debida diligencia informativa (contraste informativo) (Enseñat, 2004, p. 81).

Por su origen, podemos realizar la siguiente clasificación (Jordán, 2015, p. 122):

- La localización de su autoría puede ser en el interior o en el exterior.
- La localización de su destino puede ser el Estado propio, terceros (aliados, no alineados o potencialmente enemigos) o el atacante.
- Los agentes que están detrás pueden ser Estados, empresas, corporaciones, delincuencia organizada, *hacktivistas* y grupos de presión.
- Por las herramientas empleadas por los agentes según los sectores (Martín, Lagoa, 2007, p. 201):
- Militar: guerra no declarada, tropas no uniformadas, acciones encubiertas, utilización de organizaciones como la Contra centroamericana, los muyahidines en Afganistán o los *littlegreenmen* en Ucrania.

En este sentido, una de las características principales en el sector militar de la guerra híbrida es la guerra no declarada, donde las acciones agresivas se llevan a cabo sin una declaración formal de guerra. Esto permite a los actores involucrados evitar la responsabilidad legal y política asociada con un conflicto militar abierto y, al mismo tiempo, les brinda la flexibilidad necesaria para llevar a cabo operaciones encubiertas (Galán Casado, 2015, p. 35).

Un ejemplo destacado de esto es la utilización de tropas no uniformadas, que se mezclan con la población civil o se disfrazan como fuerzas locales para llevar a cabo operaciones sin ser fácilmente identificados como combatientes. Este enfoque difumina las líneas entre los actores militares y civiles, lo que dificulta la atribución de responsabilidad y la adopción de medidas defensivas adecuadas (Rodríguez, 2021, p. 85).

Además, en el sector militar de la guerra híbrida se ha observado el uso de organizaciones proxy, que actúan en nombre de un Estado, pero sin una afiliación oficial. Estas organizaciones se utilizan como herramientas para llevar a cabo operaciones encubiertas y acciones agresivas en el ciberespacio y otros dominios. Un ejemplo notable de esto es el apoyo brindado por los Estados Unidos a la Contra en América Central durante la década de 1980, así como el respaldo a los muyahidines en Afganistán en su lucha contra la Unión Soviética (Villagra, 2019, p. 49).

En el caso de Ucrania, se ha observado la presencia de los llamados *littlegreenmen* (hombres de verde pequeños), que son fuerzas militares rusas que operan en Crimea y otras áreas conflictivas sin llevar insignias o identificaciones claras. Estas fuerzas han sido utilizadas para llevar a cabo acciones encubiertas y desestabilizar la situación en la región, complicando la respuesta de la comunidad internacional y creando incertidumbre sobre la identidad de los actores involucrados (Beck, 2000, p. 54).

- Civil/Social: Movimientos de protesta organizados por intereses extranjeros (Estados, corporaciones, troles . . .) y de contraprotesta; creación de organizaciones locales de carácter económico (empresas), cultural o de opinión afines a los atacantes o patrocinadas por ellos; aprovechamiento de la influencia religiosa, lingüística o cultural para favorecer el «relativismo posmoderno» que alimentan campañas de desinformación.

De este modo, en el contexto de la cibertecnología como arma en la guerra híbrida, otro sector importante a considerar es el civil o social. En este ámbito, se observan diversas estrategias utilizadas por los actores para promover sus intereses y desestabilizar a un Estado o región. Estas estrategias involucran movimientos de protesta organizados por intereses extranjeros, la creación de organizaciones afines a los atacantes y el aprovechamiento de influencias religiosas, lingüísticas o culturales para alimentar campañas de desinformación (Pérez *et al.*, 2018, p. 15).

Un aspecto clave en este sector es la organización de movimientos de protesta por parte de intereses extranjeros, que pueden ser Estados, corporaciones o actores no estatales. Estos movimientos son impulsados con el fin de generar conflictos internos en un país objetivo y socavar su estabilidad. Los intereses extranjeros pueden utilizar recursos cibernéticos para promover y coordinar estas protestas, difundiendo mensajes y organizando acciones a través de plataformas digitales (Steingartner, Galinec, 2021, p. 28).

De manera similar, se observa la creación de organizaciones locales, ya sean económicas, culturales o de opinión, que son afines a los atacantes o patrocinadas por ellos. Estas organizaciones actúan como agentes de influencia y promueven los intereses de los atacantes en el país objetivo. Pueden difundir propaganda, desinformación o llevar a cabo acciones encubiertas en apoyo a los objetivos de guerra híbrida (Danyk, Maliarchuk, Briggs, 2017, p. 12).

Además, se utiliza el aprovechamiento de la influencia religiosa, lingüística o cultural para fomentar el «relativismo posmoderno». Esto implica la manipulación de creencias, identidades y valores culturales para generar división y confusión en la sociedad objetivo. Los atacantes pueden explotar estas diferencias culturales o lingüísticas para alimentar campañas de desinformación, difundir narrativas falsas y sembrar la discordia en la sociedad (Bachmann, Gunneriusson, 2015, p. 198).

Es importante destacar que, en el ámbito civil o social de la guerra híbrida, la cibertecnología juega un papel fundamental al proporcionar las herramientas y los canales necesarios para llevar a cabo estas acciones. Las plataformas de redes sociales, los sitios web y las aplicaciones de mensajería son utilizados para difundir propaganda, coordinar movimientos y desinformar a la población (Mehmet, Şafak, 2015, p. 265).

- Infraestructuras críticas: denegación de servicio y pérdida de integridad o confidencialidad de la información tratada.

En esta línea, en el ámbito de las infraestructuras críticas, los ataques cibernéticos pueden tener consecuencias devastadoras, ya que se busca afectar la disponibilidad, integridad o confidencialidad de la información tratada en estos sistemas. Uno de los tipos de ataque más comunes en este sector es la denegación de servicio (DoS, por sus siglas en inglés)(Gasztold, 2022, p. 1275).

Los ataques de denegación de servicio tienen como objetivo saturar los recursos de una infraestructura crítica, como servidores, redes o sistemas de control, con una gran cantidad de solicitudes o tráfico malicioso. Esto provoca la congestión de los sistemas, lo que lleva a una interrupción en la prestación de servicios y puede causar graves consecuencias, como la paralización de operaciones, la interrupción del suministro de energía o la afectación de los sistemas de transporte (Thiele, 2015, p. 53).

Además de los ataques de denegación de servicio, también se busca comprometer la integridad o confidencialidad de la información tratada en estas infraestructuras críticas. Esto implica que los atacantes intentan acceder y modificar la información sensible o confidencial, como datos financieros, registros médicos o información estratégica de una organización o país (Ahluwalia, 2019, p. 23).

Los ataques cibernéticos dirigidos a las infraestructuras críticas pueden tener diversas motivaciones, como causar daño económico, socavar la confianza en las instituciones, generar caos en la sociedad o incluso tener un impacto en la seguridad nacional. Los actores que realizan estos ataques pueden ser Estados nacionales, grupos terroristas, organizaciones delictivas o *hackers* individuales (Brown, 2018, p. 60).

Para proteger las infraestructuras críticas contra los ataques cibernéticos, es crucial implementar medidas de seguridad sólidas, como *firewalls*, sistemas de detección de intrusos, autenticación robusta, cifrado de datos y planes de respuesta a incidentes. Además, se requiere una estrecha colaboración entre los sectores público y privado, así como la participación activa de expertos en ciberseguridad, para fortalecer la resiliencia y la protección de estas infraestructuras frente a las amenazas cibernéticas (Tagarev, 2018, p. 291).

- Medios de comunicación: propaganda (fácil y barata) mediante el uso de redes sociales originada en el exterior o incluso localmente; noticias falsas (*fake news*) con mensajes de texto, audio o vídeo que provocan desinformación; operaciones psicológicas; uso de medios de comunicación afines o patrocinados.

Uno de los mecanismos utilizados en este ámbito es la propagación de mensajes propagandísticos a través de las redes sociales. El uso de las redes sociales como plataforma para difundir propaganda se ha vuelto fácil y barato, lo que permite a los actores involucrados en la guerra híbrida llegar a un amplio público de manera rápida y efectiva. Estos mensajes propagandísticos pueden ser generados tanto desde el exterior como desde dentro del país o región afectada (Mehmet, Şafak, 2015, p. 256).

Además, los medios de comunicación son utilizados para difundir noticias falsas, también conocidas como *fake news*. Estas noticias falsas pueden presentarse en diferentes formatos, como textos, audios o videos, y su objetivo principal es generar desinformación y confusión en la opinión pública. Mediante la manipulación de la información, se busca influir en la percepción de los eventos y en las decisiones de la población (Villagra, 2019, p. 60).

Otro aspecto relevante es el uso de operaciones psicológicas, que tienen como objetivo influir en el comportamiento y las actitudes de la población. Estas operaciones pueden involucrar la difusión de mensajes engañosos o manipulados que buscan generar miedo, incertidumbre o desconfianza en determinados sectores de la sociedad. También se pueden utilizar técnicas de manipulación psicológica para influir en la toma de decisiones de los individuos (Rodríguez, 2021, p. 78).

Adicionalmente, en la guerra híbrida se puede hacer uso de medios de comunicación afines o patrocinados para difundir mensajes que favorezcan los intereses de los atacantes. Estos medios pueden tener una apariencia de independencia, pero en realidad están controlados o influenciados por actores externos con el propósito de difundir información sesgada y manipulada que promueva su agenda (Gasztol, 2022, p. 1263).

La utilización de los medios de comunicación como arma en la guerra híbrida plantea desafíos significativos en términos de la veracidad y confiabilidad de la información, así como en la protección de la libertad de expresión y el acceso a la información verídica. Para contrarrestar estos ataques, es esencial fomentar la alfabetización mediática y promover la educación en el pensamiento crítico. Además, los Gobiernos, las organizaciones y los ciudadanos deben colaborar en la detección y desacreditación de noticias falsas, así como en la promoción de fuentes confiables y verificadas de información (Ahluwalia, 2019, p. 26).

- Económico: creación de empresas, centros de estudio y organizaciones culturales originarias de los países potencialmente atacantes o con intereses análogos; penetración en terceros países de los actores oligárquicos, con lazos en sectores políticos, económicos y en los medios de comunicación locales; recurso a la ayuda externa o sanciones económicas para presionar a un Gobierno extranjero.

En este sentido, una de las tácticas empleadas es la creación de empresas, centros de estudio y organizaciones culturales originarias de los países potencialmente atacantes o con intereses análogos. Estas entidades pueden actuar como fachadas legítimas para llevar a cabo actividades encubiertas, como la infiltración en sectores estratégicos de la economía, el espionaje industrial o la promoción de agendas políticas y económicas favorables a los atacantes. Además, estas organizaciones pueden buscar influir en la opinión pública y en las políticas económicas del país o región objetivo (Enamorado, 2022, p. 81).

La penetración en terceros países por parte de actores oligárquicos con lazos en sectores políticos, económicos y en los medios de comunicación locales es otra estrategia utilizada en la guerra híbrida. Estos actores buscan aprovechar su posición de influencia para promover intereses económicos y políticos que favorezcan a los atacantes. Esto puede incluir la manipulación de políticas comerciales, la promoción de acuerdos económicos desfavorables o la corrupción de funcionarios clave.

Además, se puede recurrir a la ayuda externa o a sanciones económicas como una forma de presionar a un Gobierno extranjero. Los atacantes pueden proporcionar asistencia económica a grupos opositores dentro del país objetivo, con el objetivo de desestabilizar su economía y generar discordia interna. Por otro lado, las sanciones económicas impuestas por actores internacionales pueden tener un impacto negativo en la economía del país objetivo y ejercer presión sobre su Gobierno (Tagarev, 2018, p. 295).

Estas estrategias económicas en la guerra híbrida plantean desafíos importantes en términos de seguridad económica, integridad de los mercados y soberanía económica de los países afectados. Para contrarrestar estos ataques, es crucial fortalecer los mecanismos de control y regulación económica, así como promover la transparencia y la integridad en los sectores estratégicos. Además, la cooperación internacional en la identificación y mitigación de estas amenazas económicas es fundamental (Tagarev, 2018, p. 296).

- Político: diplomacia e inteligencia clásicas, poder blando, revelaciones y filtraciones, apoyo a simpatizantes en el exterior, chantajes y represalias.

En primer lugar, se emplea la diplomacia e inteligencia clásicas como herramientas para ejercer influencia en las relaciones internacionales. Los actores involucrados en la guerra híbrida utilizan el canal diplomático para promover sus intereses y obtener apoyo de otros países. Además, la inteligencia clásica se utiliza para recopilar información estratégica y llevar a cabo acciones encubiertas que puedan debilitar a los oponentes políticos (Pérez *et al.*, 2018, p. 45).

El poder blando es otra estrategia política utilizada en la guerra híbrida. Se busca influir en la opinión pública y en los sistemas políticos de otros países a través de la promoción de valores, ideologías y modelos políticos afines a los atacantes. Esto se logra a través de la propagación de ideas, la promoción cultural, el respaldo a grupos simpatizantes en el exterior y el uso de herramientas de comunicación y redes sociales (Villagra, 2019, p. 53).

Las revelaciones y filtraciones también desempeñan un papel importante en la guerra híbrida. Los atacantes pueden filtrar información clasificada o sensible con el objetivo de desacreditar a líderes políticos, instituciones o países, generando así inestabilidad política y socavando la confianza en los sistemas democráticos. Estas revelaciones y filtraciones suelen estar respaldadas por campañas de desinformación que buscan manipular la opinión pública y afectar los procesos electorales (Rodríguez, 2021, p. 61).

El chantaje y las represalias son tácticas políticas empleadas en la guerra híbrida para ejercer presión sobre Gobiernos extranjeros. Los atacantes pueden amenazar con revelar información comprometedora, desatar campañas de difamación o llevar a cabo acciones que causen daño económico o político como represalia por decisiones o posturas que no sean favorables a sus intereses. Estas tácticas buscan debilitar a los líderes políticos, socavar su legitimidad y obtener concesiones (Steingartner, Galinec, 2021, p. 28).

- Normativo: aprovechamiento de las lagunas legales.

Una de las principales características de la cibertecnología es su rápida evolución y la dificultad que tienen las regulaciones y leyes para mantenerse al ritmo de los avances tecnológicos. Esto crea lagunas legales y brechas normativas que los atacantes pueden aprovechar para llevar a cabo sus actividades maliciosas (Brown, 2018, p. 72).

Los ciberdelincuentes y los actores estatales o no estatales que participan en la guerra híbrida pueden explorar estas lagunas legales para realizar actividades ilegales, como el robo de información, el sabotaje de infraestructuras críticas o la difusión de desinformación. Al hacerlo, se benefician de la falta de normas claras y la dificultad de aplicar las leyes existentes a las nuevas formas de cibercrimen y ciberataques (Brown, 2018, p. 66).

Además, el carácter transnacional de la cibertecnología plantea desafíos adicionales en términos de regulación y aplicación de la ley. Los atacantes pueden operar desde jurisdicciones donde las leyes y regulaciones son laxas o inexistentes, lo que dificulta aún más la persecución y el enjuiciamiento de estos delitos (Thiele, 2015, p. 55).

Para abordar este desafío, es necesario fortalecer el marco normativo en el ámbito de la cibertecnología y la guerra híbrida. Esto implica la creación y actualización de leyes y regulaciones que aborden de manera efectiva los delitos cibernéticos y los ataques en el contexto de la guerra híbrida. Además, se requiere una mayor cooperación internacional para garantizar la aplicación de estas normas en el ámbito transnacional (Ahluwalia, 2019, p. 22).

Las lagunas legales también resaltan la importancia de la conciencia y la educación en materia de ciberseguridad. Los individuos, las organizaciones y los Gobiernos deben estar informados sobre las amenazas cibernéticas y tomar medidas proactivas para protegerse y mitigar los riesgos. Además, la colaboración entre el sector público y privado es esencial para abordar las lagunas legales y promover prácticas de ciberseguridad sólidas (Mehmet, Şafak 2015, p. 272).

- Ciberespacio: ciberespionaje, ciberdelincuencia o *hacktivismo*, uso de redes sociales (Twitter, Facebook . . .), incluidos grupos organizados de publicación de mensajes; revelaciones comprometedoras; desarrollos tecnológicos específicos.

En el plano *online*, para hacer frente a situaciones críticas en el ciberespacio, sobre la base de la experiencia de las operaciones en el Territorio Ocupado de Ucrania (ATO), se pueden tomar las siguientes medidas contra las amenazas de información en el ciberespacio (Danyk *et al.*, 2017, p. 20):

- Investigación científica y desarrollo de capacidades especializadas de *software* y *hardware* para actividades de información en el ciberespacio.
- Capacitación y educación militar vocacional basada en la experiencia de combate y el conocimiento adquirido en este campo.
- Capacitación aplicada nacional e internacional, juegos de guerra y consulta.
- Mejora de la educación y capacitación de profesionales militares y civiles en los campos de la información y la ciberseguridad.
- Implementación operativa de las lecciones aprendidas en los sistemas de seguridad nacionales e internacionales.

La experiencia ha demostrado que el uso efectivo de tácticas híbridas da como resultado patrones de reacción y crisis casi impredecibles. Los practicantes de la guerra híbrida rara vez tienen resultados bien definidos y secuencias predeterminadas de eventos, y aquellos que responden a estas estrategias deben ser capaces de adaptarse a entornos dinámicos que cambian rápidamente (Madden, 2014, p. 33).

El diseño técnico de cualquier sistema de defensa conocido en una situación de crisis, incluida la forma, el método y el uso del sistema, debe tener como objetivo crear una estructura excesivamente estática en el sistema de destino. La división del trabajo entre los componentes del ciberataque dentro de un sistema a menudo se distribuye de manera uniforme, y los componentes se seleccionan únicamente en función de su propósito. Los volúmenes y densidades crecientes de las inundaciones de crisis conducen a una complejidad estructural en los sistemas diseñados para enfrentarlas.

Este enfoque distribuido introduce redundancia de datos y complica la transmisión y el procesamiento. Los mismos principios sustentan el diseño de *software* destinado a implementar procesos operativos para detectar, proteger y contrarrestar proactivamente las amenazas de información en el ciberespacio. Sin embargo, estos enfoques no son eficientes en situaciones de conflicto del mundo real donde un adversario usa poder suave y poder cinético seguido de recursos de guerra de información iguales o superiores para lograr objetivos. Una característica importante de la guerra híbrida (Duggan, 2015, p. 51).

Los ataques cibernéticos son sigilosos, asimétricos, multifacéticos, negables, globales/inmediatos y capaces de cambiar por completo la doctrina una vez que un atacante gana ventaja, lo que los convierte en un conjunto de herramientas ideal para actores grandes y pequeños, incluidas fuerzas amigas, fuerzas aliadas, naciones neutrales y adversarios que pueden clasificarse como amenazas reales y potenciales. Estos actores incluyen estados nacionales con recursos significativos y motivos geopolíticos, económicos y/o militares capaces de llevar a cabo ataques sostenidos y/o sofisticados con fines de inteligencia o sabotaje (Steingartner, Galinec, 2021, p. 31).

Algunos son representantes del Gobierno, suele una organización o agencia privada patrocinada y respaldada por el Gobierno para ayudarle a lograr sus objetivos geopolíticos, económicos o militares. Otros actores son los ciberterroristas, grupos o individuos de personas que atacan o influyen en redes, sistemas e información, especialmente contra civiles, con el objetivo de sembrar las semillas del terrorismo y perseguir objetivos políticos. Los ciberdelincuentes, por otro lado, son grupos criminales con fines de lucro que buscan obtener información de identificación personal (PII), secuestrar activos digitales confidenciales para pedir rescate o cometer actividades delictivas en línea (Shmitt, 2017, p. 56).

Algunos *hacktivistas* organizan ataques para difundir propaganda o dañar a las organizaciones a las que se oponen. Además, existe la amenaza interna de personas dentro de la organización que accidental o intencionalmente hacen mal uso de privilegios y recursos. Insatisfacción de los empleados (Errol *et al.*, 2020, pp. 1-7).

Ciertos actores pueden usar otras categorías como intermediarios, por lo que puede haber superposiciones entre diferentes categorías de actores de amenazas. La reutilización de tácticas, técnicas y procedimientos (TTP) por diferentes tipos de atacantes hace que sea peligroso distinguir entre categorías (Erol *et al.*, 2020, pp. 1-7).

El análisis del entorno geopolítico y geopolítico sugiere una reevaluación de la filosofía y el arte de la guerra, con el uso de nuevas tecnologías que permiten diferentes intensidades y estrategias en conflicto. Estos nuevos enfoques, combinados con la comprensión tradicional del conflicto y la seguridad, a menudo se denominan guerra «híbrida». Examina la naturaleza de la guerra híbrida en Europa del Este, centrándose en la táctica y la estrategia (Danyk *et al.*, 2017, p. 16).

Varias teorías de las relaciones internacionales han intentado explicar los conflictos y la cooperación entre las naciones. El realismo, por ejemplo, se enfoca en analizar el conflicto y describe un mundo en el que los estados actúan por interés propio, poder y supervivencia. Según esta teoría, los estados actúan como agentes racionales que buscan incrementar su viabilidad (Márquez, 2011, p. 25).

En este contexto, el Estado busca consolidar el poder y el control y asegurar la supervivencia. Desde la Guerra Fría, el mundo ha evolucionado con nuevos modelos, como las armas nucleares y los sistemas de patentes que permiten la existencia en redes de información y comunicación, en las que las naciones reducen sus fuerzas armadas y aumentan sus recursos económicos para el desarrollo tecnológico. Por ejemplo, Estados Unidos introdujo los vehículos aéreos no tripulados con el objetivo de eliminar las barreras tecnológicas en un mundo multipolar donde la tecnología y el conocimiento han cambiado la forma de entender la guerra, creando nuevos escenarios en un entorno incierto y heterogéneo. Es difícil definir claramente el comienzo y el final del conflicto.

Los conflictos de intereses en la búsqueda del poder pueden llevar a la desestabilización del país a través de ataques cibernéticos al sistema financiero, fortaleciendo aún más las estrategias de ataque de los militares. La guerra no es solo una lucha por el poder, sino también una estrategia de ganancia política y económica que afecta al siglo XXI y abarca el ámbito cibernético. La tecnología juega un papel importante en las relaciones internacionales modernas. La implementación de tecnología cibernética, dirigida a subvertir sistemas y robar información, puede ser un instrumento de guerra.

La introducción de drones también permite a Estados Unidos intervenir en cualquier parte del mundo como parte de su estrategia de expansión y fortalecimiento militar, fortaleciendo así su dominio geopolítico. Las luchas por los recursos naturales han cambiado la forma en que elaboramos estrategias para proteger nuestros intereses nacionales y utilizar esos recursos de manera adecuada. Por ejemplo, Estados Unidos ha fortalecido el control territorial de sus fronteras y ha establecido bases militares en todo el mundo para proteger recursos no renovables como el petróleo. Esto estimuló el desarrollo industrial y comercial. Además, debido a su ubicación estratégica, es posible que enfrente dificultades por la gestión del agua en el futuro. Esto se pronostica como un conflicto global, según el informe de las Naciones Unidas sobre el desarrollo de los recursos hídricos del mundo, titulado «Agua para Todos». Se convierte en el «agua de vida». En estos nuevos escenarios de conflicto, las naciones pueden usar vehículos aéreos no tripulados para mejorar el combate, establecer un control territorial más fuerte y crear resistencia. De manera similar, las capacidades militares que utilizan drones y otras tecnologías no solo se encuentran a mayor escala en los dominios cibernéticos y tradicionales, sino también en las estrategias de legitimidad y alianza, estrategias que Estados Unidos ha adoptado como políticas centrales para permitir disputas.

La teoría del realismo en las relaciones internacionales nos ayuda a comprender el comportamiento de los estados en política exterior. Sin embargo, este enfoque enfrenta desafíos debido a la diversidad de formas en que los Estados interactúan entre sí. Porque los Estados tienen necesidades similares y los resultados de algunos fenómenos como la economía, la industria y la seguridad son interdependientes. Además, el sistema internacional está en constante cambio, ya que los intereses nacionales cambian constantemente y, como resultado, el mundo está en constante evolución en respuesta a las demandas de los estados para permanecer en el poder.

La guerra híbrida no solo busca vulnerabilidades en *hardware* como comunicaciones, infraestructura y transporte, sino que también ataca las debilidades ideológicas e institucionales y utiliza los agravios sociales y las percepciones de corrupción para nivelar el campo del conflicto. Estas divisiones estratégicas permitieron operaciones de inteligencia más exitosas y una guerra asimétrica contra Occidente.

El predominio de la ideología neoliberal amplía la brecha entre ricos y pobres, ejerciendo más presión sobre la clase media. Esto ha llevado a cambios fundamentales en la situación económica, sociopolítica y psicológica, lo que ha resultado en una reevaluación de los valores básicos y ha llevado al crecimiento del populismo en varios países del mundo. La votación del Brexit de 2016 y la elección presidencial de Donald Trump en EE.UU. reflejan preocupaciones sobre la situación socioeconómica y desafían a instituciones establecidas desde hace mucho tiempo, como la Unión Europea y la OTAN (Inglehart y Norris, 2016, p. 13; Korman, 2016, p. 80; Smith, 2014, p. 24).

Mantener la competitividad y el liderazgo a escala global requiere suficiente fortaleza económica y altos niveles de desarrollo educativo y científico, y estos recursos están disponibles principalmente para los centros de poder del mundo. Los países que no tienen acceso a estos recursos pueden sentirse abandonados, lo que inevitablemente conduce a una pérdida de liderazgo y a una redistribución de las esferas de influencia entre los actores más poderosos, y puede conducir a intentos de acceso pleno a los recursos estratégicos. Por el contrario, puede prevenir el desarrollo de condiciones que conduzcan al compromiso o secuestro de sus zonas de seguridad y esferas de influencia. El resultado es una peligrosa reconciliación entre centros de poder mundial, con inevitables conflictos de intereses (Hoffman, 2006, p. 405).

Como argumenta el politólogo estadounidense Samuel Huntington, estos conflictos se definen como choques de civilizaciones de Huntington, en los que la principal causa de conflicto en el mundo posterior a la Guerra Fría son las identidades culturales y religiosas de las personas. Los conflictos también pueden ser intentos maquiavélicos de subvertir las estrategias enemigas, con líderes que se involucran en una proyección de poder que no resulta en decisiones de «regulación final» en las que el conflicto violento es destructivo para ambos lados. A menudo reconocemos la necesidad de desarrollar. En cambio, necesitamos nuevas herramientas para alcanzar nuestros objetivos sin agresiones directas y visibles (Danyk *et al.*, 2017, p. 13).

2.2.2 Ciberseguridad y ciberdefensa

Hoy en día, las amenazas a la seguridad no provienen solo y directamente de otros Estados ni de una facción del propio Estado, tal como se ha comentado en puntos anteriores, sino además y principalmente de organizaciones internacionales o transnacionales de crimen organizado, piratería y terrorismo, basadas o provenientes, en muchos casos, de Estados inviables que no ejercen el debido control sobre su propio territorio y población o de agresores que las utilizan en su propio beneficio. Esto sin contar las catástrofes naturales y los grupos más o menos organizados de personal descontento que existen en todos los países. Amenazas que pueden materializarse en todos o algunos de los espacios estratégicos (Gamón, 2017, p. 81).

Los Estados organizan la defensa de la seguridad mediante el establecimiento de una Estrategia Nacional de Seguridad. De acuerdo con las amenazas y los consiguientes riesgos se planean y definen unas estrategias de defensa desde los diferentes espacios estratégicos que dan lugar a las distintas facetas de la defensa como son la defensa territorial, la defensa aérea, la defensa de las fronteras, la defensa económica, y como uno de estos espacios es precisamente el espacio de la cibernética o ciberespacio también hoy deberá existir una ciberdefensa que garantice la ciberseguridad (La OTAN en su MC0571, NATO Cyber Defence, la define como la aplicación de medidas de seguridad para proteger las infraestructuras de los sistemas de información y comunicaciones frente a los ciberataques) (De la Macorra García, 2011, p. 38).

Cuanto más desarrollado sea un país, más elementos vulnerables que afecten a su seguridad poseerá y, por lo tanto, deberá defenderlos para garantizarla. A este respecto, los Sistemas de Mando y Control son cada vez más dependientes, no solo del espacio electromagnético, sino también del ciberespacio, y esto no solo en el ámbito militar, sino también en el de las infraestructuras críticas nacionales, tanto estatales como privadas, y en el de los propios ciudadanos personalmente.

La ciberseguridad es un componente muy importante de la Seguridad Nacional: si no se controla adecuadamente el ciberespacio, puede ver una nación amenazada su libertad de acción y su seguridad, no solo su ciberseguridad, sino toda la Seguridad Nacional (Azani, 2013, p. 906).

El ciberespacio es pues un espacio estratégico a considerar al establecer la Estrategia de Seguridad y, como consecuencia, al planear la correspondiente Defensa Nacional, por lo que habrá que definir en ella los objetivos a alcanzar y las medidas de prevención, disuasión, protección y reacción de la ciberdefensa.

Los principios generales de la Defensa son totalmente aplicables al caso de la ciberdefensa, porque el espacio cibernético, que se ha convertido en un nuevo Global Common (Bedford, Dick, and Paul S. Giarra, 2010, p. 19), posee una serie de características diferenciales del resto de los espacios:

- El ciberespacio es un ambiente único, sin fronteras geográficas. El atacante puede estar en cualquier parte del globo y es difícil localizarlo.

- La defensa es muy compleja, pues intervienen muchos factores. Entre otros, hay que considerar que intervienen no solo elementos estatales sino también privados. Exige pues una estrecha coordinación entre todos ellos.
- La confrontación en el ciberespacio presenta frecuentemente las características de un conflicto asimétrico. El atacante puede ser muy inferior al atacado en medios técnicos y con relativamente pocos medios y baratos puede causar tremendos perjuicios. Además, es frecuentemente anónimo y clandestino. Así pues, atrae, no solo a los Gobiernos, sino también a diferentes actores que incluyen los terroristas y las mafias del crimen organizado.
- El ciberespacio no debe considerarse aisladamente a efectos de la defensa, puesto que está interrelacionado estrechamente con los demás espacios. La utilización del ciberespacio permite obtener información sobre objetivos sin necesidad de destruir ni neutralizar ningún sistema y a menudo sin delatarse. Una de sus facetas es el espionaje militar, político o industrial.
- Permite fácilmente también el ejercer el chantaje, pero al mismo tiempo, la defensa puede utilizar el ciberespacio para la disuasión.
- Evoluciona rápidamente siguiendo la evolución tecnológica.

Considerando el ciberespacio como un espacio o una colección de recursos, los actores implicados, que incluyen Estados, organizaciones, grupos o individuos, competirán por controlarlo y esto conducirá inevitablemente a conflictos. Así aparece el ciberconflicto como una confrontación entre dos o más partes, en que al menos una utiliza los ciberataques contra el otro. La naturaleza del conflicto diferirá según la naturaleza y objetivos de los participantes: los delincuentes buscarán ingresos ilegales, los Servicios de Inteligencia buscarán información, los militares atacarán los CIS enemigos como una forma de debilitar la capacidad del adversario y de apoyar las operaciones propias. Los conflictos pueden ser tan simples como meras disputas por la propiedad de una información o de un dominio o tan complejos como operaciones deliberadas de ciberataques entre Estados tecnológicamente avanzados, aisladamente o como parte de una guerra convencional (Cano M., Jeimy J., and Álvaro Rocha, 2019, p. 61).

Las estrategias de ciberdefensa de los países occidentales, así como la Unión Europea y la OTAN, coinciden principalmente en los siguientes ejes:

Se deben definir claramente las amenazas y los riesgos existentes para la ciberseguridad y, como consecuencia de ellos, los objetivos a alcanzar, las medidas a tomar y las acciones a ejecutar. En consecuencia, se deben incluir los esfuerzos para formación y adiestramiento del personal implicado y las actividades en el campo de I+D para alcanzar el adecuado nivel tecnológico.

- La ciberseguridad y, por lo tanto, la ciberdefensa, deben enfocarse de forma que integren a las distintas agencias de seguridad e inteligencia del Estado, los centros de investigación tanto públicos como privados y que coordine con el sector privado y los propios ciudadanos. El impacto de una amenaza en el ciberespacio tiene implicaciones sociales y económicas en el país que la sufre (León, de Sevilla, de La Rábida, 2018, p. 135).
- A nivel internacional, la ciberdefensa debe incluirse también en las estrategias de defensa colectiva (Luelmo, 2011, p. 290).
- La protección debe incluir: la de las infraestructuras críticas, la protección de los ciudadanos y la protección del territorio nacional y sus instituciones.
- Debe incluir la previsión, prevención, disuasión, protección y reacción. No debe limitarse a acciones puramente defensivas o pasivas, sino que deben preverse capacidades ofensivas en el ciberespacio o incluso en otros espacios de forma que disuadan de nuevos ataques.
- Debe ser multidisciplinar o multidimensional, es decir, que debe contemplar los aspectos legislativos, los ejecutivos, con los organismos encargados de vigilar su cumplimiento, y los judiciales.

Por lo tanto, el ciberespacio debe ser tenido en cuenta tanto desde el punto de vista de la Defensa Civil como de la militar pues, aunque el ciberespacio es un dominio hecho por el hombre, se ha hecho tan crítico como la tierra, el mar, el aire y el espacio y su importancia irán en aumento. Si no se controla adecuadamente, desde allí puede ver una nación amenazada su libertad de acción y su seguridad, no solo su ciberseguridad, sino la Seguridad Nacional. Estamos en suma en un nuevo escenario estratégico, en un nuevo Global Common, en nuevo campo de batalla o en una extensión del mismo, donde se producen los comportamientos o fenómenos ya conocidos en todos los conflictos, pero que aquí emplean técnicas nuevas; y también fenómenos nuevos que surgen de las propias características del ciberespacio (Johnson, 2010).

En la estrategia de ciberseguridad se deben precisar los objetivos estratégicos a alcanzar, los órganos competentes y sus responsabilidades, la contribución de las distintas instituciones del país, el nivel tecnológico a alcanzar y en él, los objetivos de I+D. En la Seguridad Nacional se contempla la de las infraestructuras críticas y la Estrategia de la Defensa debe comprender siempre la prevención de posibles ataques y la protección para disminuir la vulnerabilidad y, en caso de crisis, minimizar los daños y acelerar el periodo de recuperación. Las amenazas enemigas a las infraestructuras críticas siempre han existido en tiempos de guerra o conflicto, pero los escenarios de amenazas incluyen ahora también ataques en tiempos de paz por medio de ciberataques. En el ámbito de las operaciones militares, los ciberataques también tienen que ser considerados como una amenaza. Aunque no resulta realista plantear las acciones en el ciberespacio como único medio de una operación militar.

2.2.3 Desafíos y amenazas para la ciberseguridad en la guerra híbrida

Una consideración importante es cómo el comportamiento del perpetrador aumenta la inestabilidad interna en múltiples dominios. Los impactos potenciales podrían incluir la reducción de la confianza en las instituciones y los valores compartidos, la reducción de la actividad económica y la confianza, la interrupción de la objetividad, la experiencia, la ideología y otras fuentes de cohesión social (Deptula y Marrs, 2009, p. 33).

La guerra híbrida difiere significativamente de la guerra convencional en cómo se inicia y lleva a cabo, ya que emplea diferentes estrategias y medios de operación. La guerra mixta comparte con el conflicto informal (o IW - guerra informal) y puede usar fuerzas informales o no militares para ocultar lealtades nacionales a través del anonimato o disfrazarse de milicias locales. Esto significa el uso de fuerzas especiales, grupos de sabotaje y reconocimiento, y varios tipos de unidades de inteligencia en la promoción y conducción de operaciones. Para algunas fuerzas militares o de seguridad nacional, las operaciones especiales incluyen inteligencia específica u operaciones cibernéticas, operaciones electrónicas o sabotaje destinado a destruir nodos críticos inalcanzables por medios convencionales (Roberts, 2000, p. 15).

Por lo tanto, en la situación actual, el diseño de un sistema de defensa eficaz es una prioridad máxima para la defensa nacional. Estos sistemas deben incluir varios tipos de inteligencia tecnológicamente avanzada, inteligencia electrónica, manipulación de información y manipulación psicológica y cibernética. Se pueden coordinar para lograr una estrategia común y se pueden operar de forma independiente o como parte de otras operaciones. Una parte integral de esta capacidad operativa independiente tanto en ISR (inteligencia, vigilancia y reconocimiento) como en misiones de combate es el desarrollo y despliegue de drones no tripulados. Mayor uso de drones en diversas áreas funcionales como: el reconocimiento, las contramedidas electrónicas, el ataque directo, etc., y las operaciones en diferentes entornos operativos (terrestres, marítimos, aéreos y anfibios) son aspectos importantes de la flexibilidad en el contexto dinámico del conflicto (Duggan, 2015, p. 50).

2.3. Cibertecnología como arma híbrida en los conflictos armados en la actualidad

La innovación tecnológica siempre ha sido el motor de la estrategia militar. La guerra tecnológica avanzada está asociada con el diseño y el uso generalizado de herramientas, sistemas y complejos tecnológicos creados por naciones altamente desarrolladas. Estos avances dan a ciertas naciones una clara ventaja en las operaciones de combate sin abrumar a las fuerzas convencionales. Sin embargo, los países tecnológicamente más avanzados también pueden ser más vulnerables a ciertos tipos de ataques. Las nuevas formas de explotar las vulnerabilidades, combinadas con nuevas armas y equipos militares, conducirán al desarrollo de nuevos conceptos de guerra estratégica en países clave como «guerra global», «visibilidad global», «cobertura global» y «guerra global» e implementación, «centrada en redes», «guerra híbrida», «parálisis estratégica», «guerra paralela», «guerra caótica controlada», «guerra ilimitada», «guerra controlada», etc. (Danyk *et al.*, 2017, p. 20).

Estos conceptos avanzados toman en cuenta el impacto del combate en adversarios potenciales a distancia usando inteligencia, armas de precisión, tecnología robótica y otros medios. La tecnología de control innovadora permite ataques rápidos y precisos, principalmente contra objetivos prioritarios, contra componentes «críticos» en cualquier parte del estado o región, sin necesidad de presencia física. Este enfoque hace posible alcanzar los objetivos estratégicos sin las barreras históricas de tiempo, distancia y logística intensiva en mano de obra. Si el objetivo de su estrategia de seguridad es desestabilizar a sus adversarios y explotar vulnerabilidades en sistemas críticos (subsistemas, componentes, objetos), entonces no necesita usar la fuerza para dominar un territorio. Más bien, estas vulnerabilidades, lagunas logísticas frágiles y vulnerabilidades pueden interrumpir los sistemas esenciales necesarios para continuar o iniciar el combate. Las fallas del sistema y otros efectos devastadores en los objetivos impiden que los estados tomen medidas de precaución para usar adecuadamente sus capacidades de respuesta en guerras y conflictos (Danyk *et al.*, 2017, p. 21).

Los sistemas de información y comunicación (CIS) y los sistemas de armas son cada vez más vulnerables a los ataques cibernéticos que utilizan el espectro electromagnético (EMS) como parte de la cadena de ataque. La combinación de actividad cibernética y guerra electrónica (EW) está aumentando, lo que reduce la resiliencia del sistema a niveles inaceptables. Por lo tanto, las operaciones de defensa cibernética deben integrar la comprensión y el dominio de EMS como un componente clave. Para mejorar la detección y remediación de la actividad cibernética agresiva en el espectro electromagnético (CEMA) y contribuir al desarrollo de estrategias de contramedidas en CEMA, se deben estudiar las similitudes y diferencias entre la ciberseguridad y EW (Steingartner y Galinec, 2021, p. 38; Dahlmann *et al.*, 2015, p. 105).

En el ciberespacio, las operaciones de defensa pueden beneficiarse de las técnicas de guerra electrónica cuando se utiliza el espectro electromagnético como medio de ciberataque. Por ejemplo, Active Electronically Scanned Array Radar (AESA), que puede transmitir miles de haces de radio simultáneamente, y las radios definidas por *software*, que cambian la forma en que se transmiten las ondas de radio, pueden confiar en los sistemas informáticos para gestionar la exposición espectral. Un cambio de *software* puede convertir fácilmente un radar o una radio de un receptor a un transmisor, lo que permite que el radar AESA enfoque un pequeño haz de energía de radio en un objetivo potencial (Steingartner y Galinec, 2021, p. 41; Erol *et al.*, 2020, p. 3).

La guerra electrónica es una parte integral de las operaciones en el espectro electromagnético. La misión de Spectrum Management Operations (SMO) es gestionar los aspectos administrativos, técnicos y operativos del espectro electromagnético. La guerra electrónica también se puede definir para misiones específicas con diferentes objetivos de acción, como apoyo y contramedidas (Steingartner y Galinec, 2021, p. 41).

Como parte de una operación cibernética, puede definir las siguientes actividades:

- Operaciones Cibernéticas Ofensivas (OCO).
- Operaciones cibernéticas de defensa (DCO), incluida la defensa activa.
- Ciber Inteligencia, Vigilancia y Reconocimiento (Cyber ISR).
- Entorno Operacional Cibernético (Cyber-OPE).
- La convergencia de ciberseguridad y guerra electrónica se refiere a la sincronización y coordinación de actividades ofensivas, defensivas, de inteligencia y de apoyo a través del entorno electromagnético y el ciberespacio conocido como CEMA (Actividades Cibernéticas y Electromagnéticas).

El ciberespacio se puede describir con las siguientes características:

- Compromiso bidireccional de red humana.
- Hiperconectividad y redes.
- No hay límites geográficos.
- Propiedad o control de una entidad comercial, que no es propiedad ni está controlada por un Gobierno.

Las definiciones de Inteligencia Artificial varían ampliamente y se dividen en cuatro categorías, según el énfasis en procesos de pensamiento o comportamiento orientado a objetivos, y la medición del éxito en comparación con el desempeño humano o la «racionalidad», como se ilustra en el artículo de Stephan De Spiegeleire *et al.* Este artículo no busca profundizar en las definiciones técnicas, sino proporcionar una visión general de cómo la aplicación de la IA puede afectar al campo de batalla híbrido (HW). En su lugar, se elige una definición concisa de la IA como «el uso de la tecnología digital para crear sistemas capaces de realizar tareas que generalmente requieren inteligencia» (De Spiegeleire *et al.*, 2017; Brundage, 2018, p. 84).

En términos del desarrollo de la IA, se suele clasificar en tres niveles: Inteligencia Artificial Estrecha (ANI), Inteligencia Artificial General (AGI) y Superinteligencia Artificial (ASI). ANI se refiere a la

IA que iguala o supera la inteligencia humana en tareas específicas; AGI se refiere a la IA que puede realizar cualquier tarea humana en toda su gama de desempeño; y ASI se refiere a la IA que supera la inteligencia humana en cualquier tarea. El autor pretende basar su análisis en evidencia empírica y razonamiento sólido, para representar un escenario plausible del campo de batalla híbrido en la etapa actual del desarrollo de la IA.

Por lo tanto, es importante tener en cuenta que este artículo solo considera las tecnologías de IA actualmente disponibles, es decir, ANI, y cómo la IA podría ser utilizada en los cinco instrumentos de poder: militar, político, económico, civil e informativo (MPECI), y el impacto que esto podría tener en la naturaleza del campo de batalla híbrido. La discusión sobre AGI y ASI queda fuera del alcance de este artículo (De Spiegeleire *et al.*, 2017; Brundage, 2018, p. 86).

Es importante tener en cuenta que las normas de guerra híbrida del pasado continuarán en el futuro, ya que la incorporación de la IA no invalida los viejos métodos de guerra. Se utiliza una amplia gama de herramientas, desde artefactos explosivos improvisados y terroristas suicidas de baja tecnología hasta herramientas de alta tecnología impulsadas por IA. El advenimiento de la IA no borrará la «niebla de la guerra» ni cambiará la naturaleza de la guerra, pero los avances en la tecnología militar a lo largo de la historia cambiarán la naturaleza de la guerra (Yan, 2020, p. 892).

En el aspecto militar, las armas autónomas podrían liberar a las personas más lejos de la cadena de la muerte, lo que a su vez podría alejar más a los operadores de drones. Los asesinatos selectivos se hacen más precisos mediante el uso de minidrones cargados de explosivos combinados con tecnología de reconocimiento facial, lo que facilita eliminar con precisión a los jefes enemigos. En la guerra contra los humanos, el más fuerte militarmente puede proporcionar una superioridad táctica abrumadora sobre el más débil. Esto no garantiza el éxito estratégico. Porque los débiles todavía pueden desempeñar un papel importante en la guerra. Mediante la adaptación y el uso de técnicas de IA listas para usar, los débiles pueden infligir un daño significativo a sus oponentes y utilizar la propaganda para amplificar estos efectos y lograr objetivos estratégicos. Decía: «La integración de robótica sofisticada y herramientas automatizadas podría ampliar la brecha entre los ejércitos occidentales avanzados y los adversarios, dando como resultado fuerzas armadas estatales y no estatales. Fomenta el desarrollo de métodos más encubiertos y no tradicionales», de acuerdo con el observación. Como lo que ahora se llama híbrido o «ilimitado» es ilegal (Polonski, 2018, p. 12).

En el aspecto político, AI es una organización autónoma a gran escala que ejerce la propaganda y la guerra psicológica con el objetivo de manipular la dinámica y el discurso político, derrocar Gobiernos, sembrar discordia y crear división. Ofrece un método extenso y, a veces, encubierto. Combinado con otras herramientas de poder como la coerción militar, la influencia económica y las campañas de información, esto puede tener un mayor impacto.

En el aspecto económico, la IA se puede utilizar para diagnosticar vulnerabilidades críticas en la estructura económica del enemigo. Por ejemplo: considere los recursos disponibles, el volumen comercial, la situación financiera y aplique sanciones calculadas a los enemigos (Shearer, 2017, p. 105; Yan, 2020, p. 903).

En la dimensión civil, AI proporciona nuevas herramientas de propaganda y desinformación para influir en los civiles. Estas herramientas se pueden utilizar para explotar las contradicciones y divisiones sociales y, en última instancia, para obtener ganancias políticas.

En la dimensión de la información, la IA puede ayudar a generar noticias falsas, realizar ataques de denegación de información y manipular la disponibilidad de la información. También se puede utilizar para ciberataques y defensas. Estos métodos se pueden utilizar de forma selectiva para obtener ganancias a corto o largo plazo (Tienhoven, 2016, p. 131; Hoffman, 2017, p. 118).

Por lo tanto, en Hybrid Battlefield (HW), los jugadores utilizan sincrónicamente los cinco medios de fuerza anteriores, expandiendo o contrayendo el espectro según sus objetivos, para aprovechar las oportunidades y el tiempo disponibles (Hoffman, 2017, p. 121; Yan, 2020, p. 904).

El aspecto dinámico del combate se vuelve más mortífero, preciso y acelerado mediante el uso de armas autónomas o semiautónomas. Además, las facciones que luchan en el frente de batalla no dinámico otorgan gran importancia a la adquisición, protección, análisis y uso de datos e inteligencia. Esto se debe a que los medios de cinco fuerzas en el campo de batalla híbrido se basan en datos e inteligencia (Yan, 2020, p. 904; Robinson, 2018).

La guerra tiene lugar no solo en campos de batalla tradicional y hechos por el hombre, sino también en campos de batalla digitales virtuales. En última instancia, el resultado del campo de batalla híbrido apuntará en gran medida a la población alfabetizada en datos (Shearer, 2017, p. 106; Tienhoven, 2016, p. 145).

Las amenazas en el radio cibernético son complejas y cambian rápidamente. Un comandante general necesita un sistema de principios para la toma de decisiones en ciberseguridad exacto a la propaganda para desempeñarse (NoRAE) con celeridad y atribuir tareas a las unidades subordinadas.

Al investigar las similitudes y diferencias entre las operaciones cibernéticas y la extirpación electrónica, se puede espiar que ambas están interconectadas, o que el esperpento electromagnético se utiliza como espacio en el ciberespacio de hábito similar. El ciberespacio puede albergar un trastazo en los sistemas electromagnéticos que son críticos para las operaciones militares. Los desafíos principales de los conflictos que involucran ciberataques afectan a todos los dominios militares. Si proporcionadamente la digitalización ofrece oportunidades, asimismo conlleva nuevas molestias de ciberataques (Schmitt, 2017, p. 15).

En términos de programa, estratégica y táctica, la longeva preocupación radica en la aquiescencia, es decir, constreñir quién está atrás de un ciberataque. La aquiescencia es neurálgica cuando se prostitución de refrescar medidas de revancha versus otro estado-patria y tal vez participar en una extirpación cibernética. Un empalme malo puede individuo sencillamente falsificado, lo que oculta su natural linaje y hace que sea casi impracticable rastrearlo incluso su laguna original. Esta ingenuidad fomenta las operaciones cibernéticas encubiertas y se vuelve esencial para el cibercrimen como para la ciberguerra (Hoffman, 2017, p. 119).

Para eludir interpretaciones internacionales erróneas y represalias versus países inocentes, es apremiante programar un sistema internacional de normas para el ciberespacio. La probabilidad de empezar una extirpación cibernética basada en malentendidos ora represalias preventivas basadas en la carencia de explicación versus un intérprete cándido es reincorporación en el vivo globo cibernético nunca regulado, que está bruscamente conectado a nuestro lejano de Internet de las Cosas (IoT) y nuestro Internet de las Cosas de Batalla (IoBT) general (Fiott, 2017, p. 5).

3.

Conclusiones

Primera: La cibertecnología ha emergido como una herramienta poderosa en la guerra híbrida, transformando la forma en que se desarrollan los conflictos y afectando la seguridad global. La guerra híbrida se refiere a un tipo de conflicto en el cual se combinan estrategias convencionales y no convencionales, utilizando una amplia gama de métodos y tácticas para alcanzar los objetivos deseados. La cibertecnología, en este contexto, se refiere al uso de la tecnología de la información y las comunicaciones para llevar a cabo operaciones ofensivas y defensivas en el ámbito cibernético.

En este análisis, se han examinado las características, usos y consecuencias de la cibertecnología como arma en la guerra híbrida. La cibertecnología ofrece una serie de ventajas para los actores en conflicto, ya que permite la realización de acciones encubiertas y el anonimato relativo. Se puede utilizar para llevar a cabo actividades como el espionaje cibernético, el robo de información, la interferencia en infraestructuras críticas, la desinformación, la propaganda y la manipulación de la opinión pública.

Las consecuencias de la cibertecnología como arma en la guerra híbrida son significativas. Por un lado, los avances tecnológicos han permitido a los actores estatales y no estatales llevar a cabo ataques cibernéticos cada vez más sofisticados, lo que ha llevado a un aumento en la frecuencia e intensidad de los conflictos cibernéticos. Estos ataques pueden tener impactos directos en la infraestructura de los países, como sistemas de energía, transporte, salud y comunicaciones, lo que afecta la seguridad y la estabilidad global.

Así mismo, la cibertecnología también ha influido en la forma en que se desarrollan los conflictos tradicionales. Las tácticas cibernéticas pueden ser utilizadas para desestabilizar a los adversarios, debilitar su capacidad militar y socavar la confianza en sus sistemas de defensa. Esto ha llevado a un cambio en la dinámica de los conflictos, donde las acciones cibernéticas se combinan con las tácticas convencionales para lograr ventajas estratégicas.

Segunda: La cibertecnología como arma en la guerra híbrida es una realidad actual. En la actualidad, la cibertecnología se ha convertido en una herramienta esencial para llevar a cabo acciones encubiertas en el ámbito de la guerra híbrida. Los actores estatales y no estatales utilizan la cibertecnología para llevar a cabo actividades como el espionaje cibernético, la desinformación, la propaganda y la manipulación de la opinión pública.

La cibertecnología ofrece numerosas ventajas para aquellos que la utilizan en la guerra híbrida. Por un lado, permite llevar a cabo operaciones de manera encubierta, lo que dificulta la atribución de los ataques y permite mantener un grado de anonimato relativo. Esto hace que sea más difícil para los adversarios tomar represalias o tomar medidas efectivas para defenderse. Además, la cibertecnología ofrece la posibilidad de ampliar el alcance de las acciones, ya que se puede llevar a cabo a distancia sin necesidad de estar físicamente en el lugar de los hechos.

El uso de la cibertecnología como arma en la guerra híbrida se ha generalizado en los conflictos actuales. Los actores estatales y no estatales han reconocido su potencial y han utilizado tácticas cibernéticas para alcanzar objetivos políticos y militares. Esto incluye la interferencia en procesos electorales, la infiltración en sistemas de defensa, el sabotaje de infraestructuras críticas y la difusión de información falsa para manipular la opinión pública.

Tercera: La cibertecnología tiene consecuencias multidimensionales. Los ataques cibernéticos no solo afectan los aspectos militares de un país, sino que también tienen un impacto significativo en su economía, sociedad y política. Uno de los efectos negativos asociados al uso de la cibertecnología como arma en la guerra híbrida es la vulneración de la privacidad y la seguridad de los individuos y organizaciones. Los ataques cibernéticos pueden comprometer datos personales, información confidencial y sistemas de seguridad, lo que lleva a una pérdida de confidencialidad y confianza.

En esa misma línea, la cibertecnología también puede desestabilizar los sistemas políticos y sociedades enteras. Los ataques cibernéticos pueden ser utilizados para influir en procesos electorales, desacreditar a líderes políticos o propagar desinformación, lo que socava la confianza en las instituciones y puede generar conflictos internos. La manipulación de la opinión pública a través de la difusión de información falsa o propaganda cibernética también puede tener un impacto profundo en la sociedad y la percepción de la realidad.

En términos económicos, los ataques cibernéticos pueden causar daños financieros significativos. Las intrusiones en sistemas bancarios, comerciales o de infraestructura crítica pueden interrumpir operaciones, causar pérdidas económicas y perjudicar la reputación de las empresas y el país afectado. Estos impactos económicos pueden tener efectos duraderos y dificultar la recuperación y el crecimiento. El uso de la cibertecnología como arma en la guerra híbrida tiene consecuencias multidimensionales que van más allá del ámbito militar. Afecta la privacidad, la seguridad, la estabilidad política, la confianza en las instituciones y la economía de los países.

Cuarta: La cibertecnología ha cambiado la dinámica de la guerra. La capacidad de llevar a cabo ataques cibernéticos ha ampliado el espacio de conflicto más allá de los campos de batalla tradicionales. Los actores en la guerra híbrida pueden realizar operaciones encubiertas a gran escala sin necesidad de una confrontación militar directa.

Los ataques cibernéticos permiten a los actores alcanzar objetivos estratégicos y lograr ventajas sin necesidad de una fuerza militar convencional. La capacidad de influir en procesos políticos, desestabilizar infraestructuras críticas o interrumpir servicios clave a través de la cibertecnología ha modificado la forma en que se desarrollan los conflictos.

Esta nueva dinámica ha desdibujado las fronteras entre la guerra y la paz. Los ataques cibernéticos pueden ocurrir en cualquier momento y lugar, sin necesidad de una declaración formal de guerra. Del mismo modo, la atribución de los ataques puede ser difícil debido a la naturaleza encubierta de la cibertecnología, lo que complica la respuesta y la toma de represalias.

La cibertecnología también ha ampliado el alcance de los conflictos. Los ataques cibernéticos pueden afectar a múltiples actores y países, y su impacto puede extenderse más allá de las fronteras nacionales. Esto ha llevado a un aumento en la cooperación y coordinación internacional para hacer frente a los desafíos de seguridad cibernética.

Quinta: La prevención y defensa ante los ataques cibernéticos son fundamentales. Con vista en la creciente amenaza de los ataques cibernéticos en la guerra híbrida, es de vital importancia tomar medidas adecuadas para prevenir y combatir estos ataques. Una de las principales acciones es fortalecer la ciberseguridad tanto a nivel nacional como internacional. Esto implica implementar políticas y regulaciones sólidas para proteger los sistemas y redes cibernéticas, así como promover la adopción de buenas prácticas de seguridad en todos los sectores.

Además, es esencial desarrollar capacidades defensivas avanzadas para hacer frente a los ataques cibernéticos cada vez más sofisticados. Esto implica invertir en tecnologías y herramientas de seguridad de vanguardia, así como en la formación y capacitación de profesionales en ciberseguridad. Asimismo, promover la cooperación y el intercambio de información entre los actores relevantes, tanto a nivel nacional como internacional, es fundamental para detectar y responder de manera efectiva a los ataques cibernéticos.

La concienciación pública también desempeña un papel crucial en la prevención de los ataques cibernéticos. Es importante educar a la población sobre los riesgos de seguridad cibernética y promover las mejores prácticas, como el uso de contraseñas seguras, la actualización regular de *software* y la protección de la información personal. Una población informada y consciente es más resistente a los ataques cibernéticos y puede contribuir a la seguridad en línea de manera significativa.

Sexta: Este trabajo ha buscado contribuir al conocimiento sobre la cibertecnología como arma en la guerra híbrida. A través del análisis de sus características, usos y consecuencias, hemos obtenido una comprensión más profunda de cómo esta herramienta ha cambiado la dinámica de los conflictos y ha afectado la ciberseguridad. Al explorar las diferentes facetas de la cibertecnología en el contexto de la guerra híbrida, hemos podido identificar los desafíos y las implicaciones que plantea para los actores estatales y no estatales.

Se ha pretendido proporcionar una base sólida de conocimiento y análisis para que los responsables políticos, los expertos en seguridad y el público en general comprendan mejor la importancia de abordar los desafíos de la cibertecnología en el contexto de la guerra híbrida. A través de una mayor comprensión, se pueden desarrollar estrategias y políticas más efectivas para prevenir y responder a los ataques cibernéticos y proteger la seguridad nacional e internacional.

Séptima: Es importante destacar que la cibertecnología como arma en la guerra híbrida plantea desafíos complejos para los actores estatales y no estatales. Los avances tecnológicos y la rápida evolución de las amenazas cibernéticas requieren una constante actualización de las capacidades defensivas y estrategias de respuesta. La cibertecnología ha permitido a los actores en conflicto llevar a cabo ataques cibernéticos cada vez más sofisticados y encubiertos, lo que exige una mejora continua de la ciberseguridad y la adopción de enfoques proactivos.

De igual modo, la naturaleza transnacional de los ataques cibernéticos plantea desafíos en términos de atribución y cooperación internacional. La identificación de los responsables de los ataques y la coordinación de esfuerzos para abordar las amenazas cibernéticas requieren una mayor cooperación entre los países y una mejor compartición de información. La cibertecnología como arma en la guerra híbrida plantea desafíos complejos y en constante evolución. La actualización de las capacidades defensivas, la cooperación internacional y la concienciación pública son elementos fundamentales para hacer frente a estos desafíos y proteger la seguridad cibernética en un entorno cada vez más interconectado.

Octava: Se ha subrayado la necesidad de identificar las principales estrategias empleadas en la cibertecnología como arma en la guerra híbrida, con el objetivo de comprender a los actores involucrados y cómo los ciudadanos pueden protegerse de ser objetivos de ataques cibernéticos. En este sentido, es importante analizar las tácticas utilizadas por los actores estatales y no estatales en el ámbito cibernético, como el *phishing*, el *malware*, los ataques de denegación de servicio, la infiltración de sistemas y la propagación de desinformación.

La concienciación y la educación en materia de seguridad cibernética son fundamentales para mitigar los riesgos y fortalecer la resiliencia de los sistemas y las infraestructuras. Los ciudadanos deben ser conscientes de las amenazas cibernéticas y estar informados sobre las medidas de seguridad que pueden tomar, como el uso de contraseñas seguras, la actualización regular de *software* y la verificación de fuentes de información. Asimismo, es necesario fomentar la colaboración entre el sector público y privado para desarrollar soluciones de seguridad efectivas y promover buenas prácticas en el manejo de la cibertecnología.

Novena: Se han evaluado las consecuencias del uso de la cibertecnología como arma en la guerra híbrida en cuanto a la seguridad, estabilidad y relaciones internacionales de los Estados. Los ataques cibernéticos pueden tener un impacto significativo en la seguridad nacional, ya que pueden comprometer sistemas de defensa, infraestructuras críticas y redes de comunicaciones. Además, la desestabilización de los sistemas políticos y la pérdida de confianza en las instituciones tienen consecuencias profundas en la sociedad y en la gobernanza global.

Ante estas amenazas, es necesario promover una cooperación internacional sólida para abordar los desafíos cibernéticos. Los Estados deben trabajar de manera conjunta para compartir información sobre amenazas y ataques cibernéticos, así como para desarrollar normas y marcos legales que regulen el uso responsable y ético de la cibertecnología en el contexto de la guerra híbrida. Esto incluye establecer acuerdos y tratados internacionales que promuevan la ciberseguridad, la protección de datos y la preservación de la privacidad en el ámbito digital.

Identificar las estrategias empleadas en la cibertecnología como arma en la guerra híbrida es fundamental para comprender y contrarrestar las amenazas cibernéticas. La concienciación y la educación en seguridad cibernética son clave para proteger a los ciudadanos, mientras que la cooperación internacional y la promoción de normas y marcos legales sólidos son necesarios para abordar los desafíos cibernéticos y preservar la seguridad y estabilidad en el ámbito nacional e internacional.

Décima: Este trabajo ha permitido profundizar en el tema de la cibertecnología como arma en la guerra híbrida, destacando su relevancia en los conflictos actuales y sus implicaciones en la seguridad global. La comprensión de esta realidad es esencial para tomar medidas adecuadas de prevención y defensa, así como para promover el desarrollo de políticas y estrategias que protejan la seguridad nacional y global en un entorno cada vez más digital y tecnológico.

La cibertecnología se ha establecido como una herramienta poderosa en los conflictos contemporáneos, y su influencia y alcance continúan expandiéndose. La capacidad de llevar a cabo operaciones encubiertas, el espionaje, la desinformación y la manipulación de la opinión pública a través de la cibertecnología han transformado la forma en que se desarrollan los conflictos y han ampliado el espacio de batalla más allá de los campos tradicionales.

Es imperativo tomar medidas adecuadas de prevención y defensa para hacer frente a las amenazas cibernéticas. Esto implica fortalecer la ciberseguridad a nivel nacional e internacional, desarrollar capacidades defensivas avanzadas y promover la cooperación y el intercambio de información entre los actores relevantes. Además, la concienciación y la educación en materia de seguridad cibernética son fundamentales para proteger a los ciudadanos y promover prácticas seguras en el entorno digital.

Es trascendental reconocer que la cibertecnología seguirá desempeñando un papel crucial en los conflictos futuros. Por lo tanto, es necesario continuar investigando y actualizándose en este campo para hacer frente a los desafíos emergentes y aprovechar las oportunidades que ofrece la era digital. La colaboración entre investigadores, expertos en seguridad, responsables políticos y actores relevantes es esencial para desarrollar políticas y estrategias eficaces que aborden las complejidades de la cibertecnología como arma en la guerra híbrida y protejan la seguridad global.

Por consiguiente, el estudio y la comprensión de la cibertecnología como arma en la guerra híbrida son fundamentales para enfrentar los desafíos de seguridad actuales y futuros. La adaptación y el desarrollo de capacidades defensivas, la promoción de la cooperación internacional y la concienciación pública son elementos clave para proteger la seguridad y promover un uso responsable de la cibertecnología en el contexto de los conflictos.

Referencias bibliográficas

AHLUWALIA, V. K. (2019). Hybrid warfare: Battlegrounds of the future. *CLAWS Journal*. Vol. 12, no. 2, pp. 15-34.

ASTUNI, Gonzalo; RABAIA, Mariano; BROCCA, Francisco; PONCE, Ludmila Denise y GASAVE, Matías (2020). Ciberseguridad y terrorismo. *Revista Tribuna Internacional*. Vol. 9, no. 18, pp. 59-79.

AZANI, Eitan (2013). The hybrid terrorist organization: Hezbollah as a case study. *Studies in Conflict & Terrorism*. Vol. 36, no 11, pp. 899-916.

BACHMANN, Sascha Dov y GUNNERIUSSON, Hakan (2015). Russia's hybrid warfare in the east: the integral nature of the information sphere. *Geo. J. Int'lAff*. Vol. 16, p. 198.

BECK, Ulrich (2000). Retorno a la teoría de la sociedad del riesgo. *Boletín de la Asociación de Geógrafos Españoles*.

BEDFORF, Dick, AND Paul S. GUIARRA (2010). Securingthe Global Commons. *RUSI Journal 155* (October-November): pp. 18-23.

BELLET, Miguel Alfonso (2020). *El impacto de la guerra híbrida sobre las operaciones militares en el nivel táctico*. Tema de Investigación Central de la Academia, pp. 81-118.

BĒRZIŅŠ, Jānis (2014). *Russia's new generation warfare in Ukraine: Implications for Latvian Defense Policy*. Policy Paper. Vol. 2, pp. 2002-2014.

BONAVENA, Pablo y NIEVAS, Flabián (2022). *Guerra: modernidad y contramodernidad*. Final Abierto. ISBN 9874752041.

BOWERS, Christopher (2014). Cómo identificar los adversarios híbridos emergentes. *Military Review*. Vol. 36.

BROWN, Jack (2018). An alternative war: The development, impact, and legality of hybrid warfare conducted by the nation state. *Journal of Global Faultlines*. Vol. 5, no. 1-2, pp. 58-82.

BRUNDAGE, Miles *et al.* (2018). The malicious use of artificial intelligence: Forecasting, prevention, and mitigation. arXiv preprint arXiv:1802.07228.

CANO, M. Jeimy, J. y ROCHA, Álvaro (2019). Ciberseguridad y ciberdefensa. Retos y perspectivas en un mundo digital/Cybersecurity and cyberdefense. Challenges and perspectives in a digital world. RISTI |*Revista Iberica de Sistemas e Tecnologias de Informacao*|, no. 32, June.

COLOM PIELLA, Guillem (2013). Cambio y continuidad en el pensamiento estratégico estadounidense desde el final de la Guerra Fría. *Revista de ciencia política* (Santiago). Vol. 33, no 3, pp. 675-692.

DAHLMANN, Anja; DICKOW, Marcel; TISSERANT, Léa (2015). The EDA and the field of research and technology. En *The European Defence Agency*. Routledge, pp. 102-117.

DANYK, Yuriy, MALIARCHUK, Tamara y BRIGGS, Chad (2017). Hybrid war: High-tech, information and cyber conflicts. *Connections*. Vol. 16, no. 2, pp. 5-24.

DE LA MACORRA GARCÍA, Adolfo (2011). OTAN-Unión Europea, ¿qué relación existe realmente? Análisis del enfoque de fuerzas de reacción rápida. *Boletín de Información*. No. 320, pp. 33-50.

DE SPIEGELEIRE, Stephan; MAAS, Matthijs; SWEIJS, Tim (2017). Artificial intelligence and the future of defense: strategic implications for small-and medium-sized force providers. *The Hague Centre for Strategic Studies*.

DEPTULA, David A.; MARRS, James R. (2009). Global Distributed ISR Operations: the changing face of warfare. *National Defense Univ Washington DC NST for National Strategic Studies*.

DUGGAN, Patrick M. (2015). *Strategic development of special warfare in cyberspace*. Joint Force Quarterly. Vol. 79, no 4, pp. 46-53.

ENAMORADO, Javier Jordán (2022). La disuasión en la zona gris: una exploración teórica. *Revista española de ciencia política*. No. 59, pp. 65-88.

ENSEÑAT, Amador (2004). La estrategia europea de seguridad. *Cuadernos de estrategia*. No. 129, pp. 78-117.

EROL, Tolga; MENDI, Arif Furkan; DO AN, Dilara (2020). The digital twin revolution in healthcare. En 2020 4th International Symposium on Multidisciplinary Studies and Innovative Technologies (ISMSIT). IEEE, pp. 1-7.

FATJÓ, Pedro; COLOM PIELLA, Guillem (2008). *La guerra asimétrica: Olvidando la historia.*

FIOTT, Daniel (2017). *The cybridisation of EU defence.*

FONSECA-ORTIZ, Tania Lucía, CORTÉS-CASTILLO, Darío Enrique y CARDONA-OROZCO, Andrés Felipe (2022). La guerra híbrida e irrestricta en un ámbito de seguridad multidimensional en el posacuerdo en Colombia. *Revista Logos Ciencia & Tecnología.* Vol. 14, no. 2, pp. 158-172.

GALÁN CASADO, Diego (2015). *Los módulos de respeto: una alternativa al tratamiento penitenciario.*

GAMÓN, Vicente Pons (2017). Internet, la nueva era del delito: ciberdelito, ciberterrorismo, legislación y ciberseguridad. *URVIO Revista Latinoamericana de Estudios de Seguridad.* No. 20, pp. 80-93.

GARCÍA, Armando Rubio (2022). La guerra híbrida. En búsqueda de un marco conceptual estandarizado. *Revista general de marina.* Vol. 282, no. 1, pp. 111-122.

GASZTOLD, Aleksandra y GASZTOLD, Przemysław (2022). The Polish Counterterrorism System and Hybrid Warfare Threats. *Terrorism and political violence.* Vol. 34, no. 6, pp. 1259-1276.

GLENNY, Misha (2008). *McMafia: crimewithoutfrontiers* (No Title).

GUERRERO, Josías David Valle (2022). El Conflicto en Ucrania: Guerra Híbrida e Intervención Militar Convencional. *Revista Seguridad y Poder Terrestre.* Vol. 1, no. 1, pp. 61-76.

HAMMES, Thomas X. (2005). War evolves into the fourth generation. *Contemporary Security Policy.* Vol. 26, no 2, pp. 189-221.

HANSON, Victor Davis (2009). The Western way of war: Infantry battle in classical Greece. *Univ of California Press.*

HOFFMAN, Frank G. (2006). Complex irregular warfare: the next revolution in military affairs. *Orbis.* Vol. 50, no 3, pp. 395-411.

HOFFMAN, Frank G. (2007). Conflict in the 21st century: The rise of hybrid wars. Arlington: Potomac Institute for Policy Studies.

HOFFMAN, Frank (2017). The Evolution of Hybrid Warfare and Key Challenges. Statement before the House Armed Services Committee. Vol. 22, pp. 115-22.

INGLEHART, Ronald F.; NORRIS, Pippa (2016). Trump, Brexit, and the rise of populism: Economic have-nots and cultural backlash.

JESÚS, Carlos Echeverría (2021). Algunos escenarios de conflictos híbridos. *Revista General de Marina*. Vol. 280, p. 4.

JOHNSON, D. E. (2010). Military Capabilities for Hybrid War. Insights from the Israel Defense Forces in Lebanon and Gaza/RAND Corporation. URL: http://www. rand. org/content/dam/rand/pubs/occasional_papers/2010/ RAND_OP285. pdf (data obrashcheniya: 30.03. 2013).

JORDÁN, Javier (2015). Introducción a la Inteligencia en el ámbito de Seguridad y Defensa. *Grupo de Estudios en Seguridad Internacional (GESI). Universidad de Granada. España.* Vol. 17.

KOFMAN, M. (2016) Russian Hybrid Warfare and Other Dark Arts.-War on the Rocks, March 11.

KRULAK, Charles C. (1999). The strategic corporal: Leadership in the three block war. Center for Army Lessons Learned Fort Leavenworth Ks Virtual Research Library.

LASICA, Daniel T. (2009). Strategic implications of hybrid war: A theory of victory. ARMY COMMAND AND GENERAL STAFF COLL FORT LEAVENWORTH KS SCHOOL OF ADVANCED MILITARY STUDIES.

LAWSON, Sean T. (2013). Nonlinear Science and Warfare: Chaos, complexity and the US military in the information age. Routledge.

LEÓN, José Domínguez, DE SEVILLA, UNED-Centro Asociado y DE LA RÁBIDA, Iberoamericana (2018). Pensamiento Estratégico, prospectiva, violencia extrema y terrorismo emergente: tareas inmediatas. *Problemas Emergentes en Seguridad: Riesgos y Amenazas Presentes y Futuros*, p. 135.

LUELMO, Francisco José Rodrigo (2011). La OSCE, el actor alternativo para la seguridad en Afganistán. En: *La seguridad y la defensa en el actual marco socioeconómico: nuevas estrategias frente a nuevas amenazas*. Instituto Universitario General Gutiérrez Mellado, pp. 285-308. ISBN 8460812456.

MADDEN, Dan *et al.* (2014). Special warfare: The missing middle in US coercive options. *RAND ARROYO CENTER SANTA MONICA CA.*

MARTÍN, Félix Arteaga y LAGOA, Enrique Fojón (2007). *El planeamiento de la política de defensa y seguridad en España*. Instituto Universitario General Gutiérrez Mellado de Investigación. ISBN 8460806081.

MATTIS, James; HOFFMAN, Frank (2005). Future warfare: The rise of hybrid warfare. En US Naval InstituteProceedings, pp. 30-32.

MEHMET, Erol y ŞAFAK, Oguz (2015). Hybrid Warfare Studies and Russia's Example in Crimea. *Gazi Akademik Bakı* . Vol. 9, no. 17, pp. 261-277.

MORALES, Samuel Morales (2017). El futuro de la naturaleza de los conflictos armados. bie3: Boletín IEEE, no 8, pp. 1003-1029.

MUÑOZ, Juan Carlos Verdugo (2020). El escenario híbrido y su impacto en el nivel de la conducción operacional. *Tema de Investigación Central de la Academia*, pp. 61-79.

NAÍM, Moisés (2006). Ilícito: cómo el contrabando, los narcotraficantes y la piratería desafían la economía global. Ciudad de México: Debate.

NEMETH, William J. (2002). *Future war and Chechnya: a case for hybrid warfare*. Tesis Doctoral. Monterey, California. Naval Postgraduate School.

NIETO, Víctor-Mario Bados; CENIT, Marién Duran (2015). «Las nuevas guerras»: una propuesta metodológica para su análisis. *Revista Unisci*, no 38, pp. 9-33.

PÉREZ, Jorge Ramiro Suárez, SILVA, Antonio Esquinas, CORDERO, R. Rebeca Verdugo y BRIGGS, Daniel (2018). En la ciudad del positivismo perdido: lecciones aprendidas para una criminología urbana. *Archivos de Criminología, Criminalística y Seguridad Privada*. Vol. 11, no. 21.

PIELLA, Guillem Colom (2014). ¿El auge de los conflictos híbridos?. Pre-bie3, no 5, p. 43.

POLONSKI, V. (2018). How artificial intelligence conquered democracy: who is really running elections this days. The conversation. An Online publication.

PULIDO, Julia (2017). La amenaza de la insurgencia criminal en Colombia: El concepto de Inteligencia híbrida como nueva forma de adaptación de las estrategias tradicionales contrainsurgentes. *Revista UNISCI*, no 44, pp. 55-72.

ROBERTS, Brad (2000). Asymmetric conflict 2010. Institute for Defense Analyses Alexandria VA.

ROBINSON, Linda *et al.* (2018). Modern political warfare: Current practices and possible responses. Rand Corporation.

RODRÍGUEZ, Rubén Paredes (2021). Fuerzas profundas y nuevos conflictos en la post Primavera árabe. *CUPEA Cuadernos de Política Exterior Argentina.* No. 134, pp. 75-91.

RON SÁNCHEZ, José Manuel (1995). Ciencia, científicos y guerra en el siglo XX: algunas cuestiones ético-morales. *Isegoría.* No. 12, pp. 119-136.

RUIZ-RUANO, Ana-María; LÓPEZ-PUGA, Jorge; DELGADO-MORÁN, Juan-José (2019). El componente social de la amenaza híbrida y su detección con modelos bayesianos. *URVIO Revista Latinoamericana de Estudios de Seguridad,* no 25, pp. 57-69.

SAINT-PIERRE, Héctor Luis (2017). Amenaza: concepto, clasificación y proceso de securitización. Saint-Pierre, Héctor; Salvador Raza; Arturo Fuenzalida; Lester Cabrera, pp. 7-31.

SCHMITT, Michael N. (2017). NATO cooperative cyber defence centre of excellence. Tallinn manual 2.0 on the international law applicable to cyber operations.

SCHROEFL, Josef; KAUFMAN, Stuart J. (2014). Hybrid actors, tactical variety: Rethinking asymmetric and hybrid war. *Studies in Conflict & Terrorism.* Vol. 37, no 10, pp. 862-880.

SHEARER, Andrew (2017). The Evolution of Hybrid Warfare and Key Challenges, Statement Before the House Armed Services Committee, 22 March.

SIERRA-ZAMORA, Paola Alexandra y CASTAÑO-BEDOYA, Alejandro (2022). Guerras híbridas, irrestrictas, asimétricas y jurídicas en el nuevo orden mundial. *Revista Científica General José María Córdova.* Vol. 20, no. 40, pp. 852-869.

SMITH, David J. (2014). Russian Cyber Capabilities, Policy and Practice. In *Focus Quarterly.*

STEINGARTNER, William y GALINEC, Darko (2021). Cyber threats and cyber deception in hybrid warfare. *Acta Polytechnica Hungarica.* Vol. 18, no. 3, pp. 25-45.

TAGAREV, Todor (2018). Hybrid warfare: emerging research topics. *Information & Security: An International Journal.* Vol. 39, no. 3, pp. 289-300.

THIELE, Ralph D. (2015). The new colour of war–Hybrid warfare and partnerships. *World Politics of Security. Rio de Janeiro: Konrad Adenauer Foundation*, pp. 47-59.

TIENHOVEN, M. von. (2016). *Identifying «Hybrid Warfare»*. Tesis Doctoral. University of Groningen.

TRIANA, Jesús M. PÉREZ (2012). Apuntes para una geopolítica del siglo XXI. *Revista general de marina*. Vol. 262, no 4, pp. 653-661.

UNITED STATES. DEPARTMENT OF DEFENSE (2005). The national defense strategy of the United States of America. Department of Defense.

VENTURA VELÁZQUEZ, René Esteban, MENÉNDEZ LÓPEZ, José, MORENO PUEBLA, Reynol Arturo, GIL SÁNCHEZ, Raúl, REYES PÉREZ, Silvio y CRUZ MINERVA TURRÓ, Marmol (2009). Los desastres como fenómenos diferentes a la guerra. *Revista Cubana de Medicina Militar*. Vol. 38, no. 2, p. 0.

VILLAGRA, René Leiva (2019). Desafíos para el mando y control en el ámbito de las operaciones multidominio. *Revista Ensayos Militares*. Vol. 5, no. 1, pp. 47-62.

YAN, Guilong (2020). The impact of Artificial Intelligence on hybrid warfare. Small Wars & Insurgencies. Vol. 31, no 4, pp. 898-917.

Bibliografía complementaria

KUEHL, D. (2009). From Cyberspace to Cyberpower: Defining the Problem. En Kramer, F. *et al. Cyberpower and National Security*. Washington (D.C): National Defense UP.

SARMIENTO GONZÁLEZ, R. y VILCHES VIVANCOS, F. (2016). Lenguaje jurídico-administrativo. *Una lengua de especialidad. 2ª ed*. Madrid: Dyckinson.

Sobre el autor

Ismael Gavaldà Hidalgo

 El autor tiene una trayectoria profesional que abarca más de una década en los Mossos d"Esquadra, ha desempeñado diferentes roles en diversas unidades, consolidando una valiosa experiencia en el ámbito policial. En el ámbito privado, tiene experiencia en el ámbito financiero y contable en empresas como PortAventura, La Caixa, Alifarma . . . Además tiene experiencia internacional como responsable económico en proyectos de cooperación para las ONG. Ha consolidado su formación con un máster en Ciberdelincuencia y un curso de especialización como Técnico Avanzado en Análisis de Guerra Irregular. Su base académica incluye una licenciatura en Administración y Dirección de Empresas y una diplomatura en Ciencias Empresariales.